企业杀手
——商业007

钱诗金　钱　丽　编著

披露商业间谍的惊悚案例　警示经营者保护商业秘密

企业管理出版社

图书在版编目（CIP）数据

企业杀手：商业007/钱诗金，钱丽著．—北京：企业管理出版社，2014.9

ISBN 978－7－5164－0933－6

Ⅰ.①企…　Ⅱ.①钱…②钱…　Ⅲ.①商业秘密－保护－研究　Ⅳ.①F713.51

中国版本图书馆CIP数据核字（2014）第206910号

书　　名：企业杀手——商业007
作　　者：钱诗金　钱　丽
责任编辑：尹洁静
策划编辑：闫书会
书　　号：ISBN 978－7－5164－0933－6
出版发行：企业管理出版社
地　　址：北京市海淀区紫竹院南路17号　邮编：100048
网　　址：http：//www.emph.cn
电　　话：总编室（010）68701719　发行部（010）68414644
编辑部（010）68416775
电子信箱：80147@sina.com　zbs@emph.cn
印　　刷：北京市通州运河印刷厂
经　　销：新华书店
规　　格：170mm×240mm　16开本　13.125印张　195千字
版　　次：2014年10月第1版　2014年10月第1次印刷
定　　价：35.00元

前言

Foreword

Corporate killer

我们进入到了一个前所未有的大数据时代。在这个时代，信息情报给企业带来一个史无前例的市场商机，同时也带来无可避免的新伤害，也就是商业间谍的大量涌现。

商业间谍——也是商业 007。

商业 007——当今的企业杀手，来去无踪，觊觎企业情报，随时给企业带来不测！

美国几乎每家大公司都设有情报室。例如摩托罗拉公司在世界各地都布有情报点。它们的任务就是监视竞争对手，窥探对方有无兼并计划或有无新技术等有可能影响到竞争大局的情报，甚至监视同行公司的信心和士气。

“间谍”不再只是屏幕上连续剧里的角色，而是离我们很近，甚至就在家门口转悠。

商业间谍，或许将成为中国商界的一个关键词。

一位服务于不同公司的美国自由间谍曾说过：“有战争就有欺骗，商场亦不例外。”

商业间谍的本质是用经济流兑换信息流，再用信息流创造更大的经济流。提供商业机会只是情报的作用之一，在不同产业发展的关键时期，竞争对手的情报或商业机密都是企业在商战中胜出的隐形筹码。一般是竞争的一方处于劣势时会给对方扣上商业间谍的帽子，以此来制衡对方，增加竞争的砝码。

很多弱者获取商业机密是为了争取平等地位，谋求更加平等的竞争。但是发达国家对新兴市场的情报战，是要争取控制优势，获得超额利润。在世界500强企业中，一般都有属于自己的情报机构，通过情报的搜集和加工获取垄断利益。

随着商业机密的重要性日益凸显，商业间谍的手段也会日益高明。因而给商业间谍设一道防线，已成为未来市场竞争必不可少的一课。为了将损失降到最低，许多公司不得不投入巨资加以防范。比如，雷曼兄弟公司在“9·11”后就拉来了前中央情报局的官员，担任公司全球安全部门的负责人。也有一些公司配置专业设备，时刻提醒员工注意保护商业机密。例如，在苹果的一些会场内总会有这样的提示语：“请擦去黑板并将你所有的秘密文件处理掉，工业间谍在你之后预定了这一房间。”同时，许多企业也雇佣专业的安全公司负责对公司职员进行调查和监控，及时发现潜在的商业密探，保护本公司利益。

有一名在法国汽车工业集团法雷奥工作的女实习生由于不了解公司保密条例而在电脑中储存了大量公司机密资料，结果被法国警方以“涉嫌窃取商业机密罪”拘捕。尽管具体事实还在调查之中，但我们从这件事深刻地感受到国外公司对自己商业机密的保护意识。而从国外公司保密措施中，中国企业也许能学到很多东西。

随着中国企业走向世界，它们必将频繁地遇到此类事件。这也意味着中国公司在防范商业间谍的薄弱环节上，尤其需要加强。

商业007，危胁到企业生存和发展，而且在大数据、信息化的商业竞争中，他在你猝不及防的一个商业细节中出现，是我们的当今市场竞争只能防范却无法避开的顽敌，对此，我们万万不可掉以轻心或被动束缚，需要的是警钟长鸣。

网络生态的形成使得我们不得不面对网络失窃和商业间谍的侵扰，中国公司准备好了吗？

作者

2014年8月

目录

网络为我们带来新的商业模式、新的生活方式和新的思维，同时，也为我们带来了新的危险，这就是网络间谍。

网络缩短了人们交往的距离，但却使线上窃取商业机密的活动得以进行。

第四章　企业情报 / 93

任何企业从创业成长到巩固发展，时刻都离不开信息情报。从一定意义上来说，当今的每一个企业，都是一个信息情报站，从这个情报站里，你可以获取其他企业的许多信息情报，其他企业也可以得到你的信息情报，但关键点是——必须依法获取。

第五章　竞争情报 / 121

市场是没有硝烟的战场。市场竞争是产品的竞争，更是情报的竞争。

现代企业不但要有雄厚的实力，还要有灵敏的反应。而企业想要具备灵敏的反应，就必须建立一套完备的竞争情报系统。

第六章 情报守护 / 145

商业情报可以说是企业的“第四生产要素”。因此，保护好自己的商业情报就像保护好自己的资金、产品和人才一样重要，甚至更重。

“使你疲倦的不是远方的群山，而是你鞋里的一粒石子。”我们的企业要时刻揣摩“瓦尔德内尔提袜子”时的动作。

第一章

市场谍烟

比战场更残酷、比硝烟更弥漫的争斗就是今天的市场竞争，这种残酷性和弥漫气氛，主要来自商业间谍的频繁活动，而且被演绎得更加淋漓尽致。

从古至今，间谍从来都是“捕风捉影，神出鬼没”。只是，当今间谍凭借先进的科技手段，窃密的途径和方式可谓无孔不入。

神秘的窃密客

有市场的地方就有赚钱的人；有商业秘密的地方就有潜伏窃密者的可能。这些人收入颇丰，却又片刻之间化险为夷。这就是当今市场上来无影去无踪的商业间谍。

这些商业间谍，有的经过专门训练，有的只是市场上的半路杀手或信息情报小贩，但他们都习惯扮演不同角色，往来穿梭各大写字楼和公司企业，窃取商业机密谋求经济利益。

上至大型卖场的活动方案，下至知名日用品的生产和销售，都在暗流涌动中，上演着窃取和反窃取的“窃听风云”。有数据显示，有近六成的企业遭遇商业间谍，结果就是给企业带来几百万甚至上亿元的经济损失。

商业“间谍”的存在，最原始的动力固然是利益诉求，然而，在涉及窃取商业机密的跳槽、卧底、潜伏、刺探甚至是商业行贿的不同方式中，也蕴含着诸如梦想、野心、利益、道德、背叛、情感等诸多因素，当商业机密在法律上的界限还存在模糊的边界时，一幕幕悲喜交加的商战大片不断上演。

已经身陷囹圄的李先生，时常会不由自主地进行这样的假设：如果时光倒流，当利益的诱惑出现在自己面前时，如果自己没有头脑发热，自己也许会有完全不同的生活。然而，李先生给不出自己想要的答案，作为掘进机业内的高端人才，李先生曾想凭自己过硬的技术，能够在业内被人瞩目。

有一家生产制造煤炭矿冶机械、工程建设机械、道路养护机械的集团化企业，在全省乃至全国都具有一定的知名度。为研制开发煤炭矿冶机械，集团不惜重金招聘人才，先后成立了掘进机研究所等14个专业研究机构。正是在集团谋求着开疆拓土的战略中，有着深厚专业技术功底的李先生，被高薪礼聘，职务是掘进机研究所所长，年薪将近30万，经过李先生等科研人员的4年努力，终于成功研发出技术含量更高的煤炭掘进机，并借此迅速占领了国内的大部分市场。

还没等到李先生踌躇满志，一天，一个电话如同投进湖水中心的石头，荡起的波纹让李先生坐立不安“到我们公司来，年薪30万，给你配专车，而且每给我们拿出一套设计，就给你60万……”打电话的是外省一家机械股份有限公司总经理龚先生。

经过见面密谈，双方达成“合作协议”，龚先生许诺给李先生年薪30万元，并先期支付给李先生10万元“录用诚意金”和一辆雪佛兰景程轿车。而李先生需回报的是在一个月时间内，交出第一份煤炭掘进机图纸。

李先生答应了，但他心里很清楚，如果不参照成品图纸，他根本无法完成新东家交给的任务。所以李先生只有铤而走险窃取原公司设计图纸。但是，公司有很好的保密制度，公司设计人员的电脑都无法与外界联系，U盘插孔也都是封死的，办公室内到处都是监控摄像头。

最后还是李先生的手下陆先生想到了一个办法，利用公司开评审会之机，由陆先生把自己的电脑从设计室搬到了会议室，当会议结束其他人员离开后，用事先准备好的电脑硬盘更换公司的电脑，从而将公司的掘进机设计图全部拷贝，这个“狸猫换太子”之计，进展得异常顺利。在得到所有材料的三个月后，李先生提出了辞职申请。他一共带走了12套机械设计图纸，每一套价值最少60万，除此之外，还有其他设计，而这些设计每一项研发完成后价值都在500万左右。紧接着在不到一个月的时间里，原来隶属于公司掘进机事业部的陆先生等 7 名研发骨干相继提出辞呈。

不到三个月的时间，市场上出现了与老东家类型相同的掘进机产品。公司这才意识到自己研发设计的掘进机图纸被人窃用了。

也许，李先生并不知道自己的行为其实和全球历史上最著名的十大商业间谍案中的一个案例不谋而合。1996 年，通用汽车的一名高管，携带着通用的一些重要文件，包括新车型计划、供货价格和即将投产的一条新车型生产线的详细方案加入德国大众公司。有关方面认定，该名主管所带走的那些资料对大众有着重要的情报价值。2002 年，该高管被起诉，最终，大众公司向通用公司赔偿了 1 亿美元。

为了争夺市场份额，各企业均花上大手笔来研发新的核心技术。商业秘密的泄露给企业带来的后果轻则损失经济利益，重则关乎企业的生死存亡，甚至还会关乎到国家利益。

资产不翼而飞

比沙场更残酷、比硝烟更肆意的战争就是今天的市场竞争，这种残酷和肆意在市场间谍日益猖獗的活动中，表现得更加淋漓尽致。

这是一个真实的故事。

几年前的一个深夜，美国俄亥俄州克利夫兰医院克利夫兰诊疗所的拉纳研究所突然出现两个身影。他们左突右闪绕开警卫，摸索到实验室，在一阵翻箱倒柜后，将两个药瓶带走，而且还拷贝了电脑中的资料。第二天，拉纳研究所的工作人员发现实验室丢失了有关老年痴呆症的 DNA 样品和试剂，而此时研究所的工作人员日本人冈本卓也不见了踪迹。经过调查，警方认定是冈本卓及其同伙实施了这一犯罪行为，而拉纳研究所也向当地法院控告冈本卓触犯了美国的《经济间谍法案》。这次偷窃行为使克利夫兰诊疗所损失了 200 万美元。

随着竞争的日趋激烈，像冈本卓这样的商业间谍越来越多，而这些人的行为也给各大公司造成了惊人的损失。2004 年的调查显示，名列财富杂志前 1000 名的公司每年因商业机密被偷窃的损失高达 450 亿美元，每家每年平均发生 2. 45 次，损失超过 50 万美元，54% 的案件直接损失高达1.2亿美元，平均为1500万美元，而位于硅谷的高科技公司的商业机密当然是盗窃的首要目标，这些数据表明了商业间谍问题的严重性。

商业间谍在给丢失情报一方的公司带来巨大损失的同时，也使这些公司丧失了赶超对手甚至是发展的机会。上世纪60年代，日本的佳能公司有望在复印机市场超过施乐公司成为复印机的领头羊，却由于公司内部出现商业间谍，致使大量资料泄密给施乐公司，从而失去了成为霸主的机会。而比尔·盖茨在其著作《未来时速》一书中也认为，商业情报会影响一个公司的发展，而泄密则会给丢失情报的一方带来重大打击。

商业情报对公司的兴衰至关重要，很多国家的情报机构也开始投身于此。冷战时期，两大敌对阵营的间谍网一直忙于搜集对方的军事和政治情报。冷战结束后，各国的间谍网并没有放松他们对整个世界的监控，但将重点放在了刺探公司的情报上。1994年，美国利用冷战时期在欧洲建立的“阶梯”间谍网，通过电话窃听发现，欧洲空中客车公司为赢得与沙特阿拉伯航空公司的合同曾向该国政府官员行贿，于是立即将此事通知了美国官员，促使美国波音和麦道公司也加入到竞争当中。最终，美国公司在去年赢得了这一价值60亿美元的合同。

情报工作的目标是搜集并储存有关市场和竞争者的任何消息，然后寻找别人看不到的机会。为此，一些公司聘请专门的情报人员从事窃取或保护商业机密的工作。2002年1月，美国食品业巨头施万销售公司就雇佣了一名双重间谍来挖掘卡夫公司“越来越脆的”冷冻比萨饼的秘密。行动中，这名商业间谍采取了很多职业间谍才有的手法。他窃取的情报给卡夫公司带来300万美元的损失。虽然一些公司中不乏以前联邦调查局和中央情报局的退役人员，但是大多数公司倾向于选择会计师、市场研究人员和有MBA学位的人，即具有较高的分析能力且善于很快地搜集和综合分析大量信息的人。

不仅国家间进行激烈的商业情报战，本国内的公司间也在进行。2002年，世界著名软件商甲骨文公司坦承，曾聘用国际调查组织对与微软有往来的团体进行间谍活动，以搜集微软有关涉嫌垄断的证据。由此可见，商业间谍的活动在近年来愈演愈烈，通过合法和非法的手段窥探竞争对手的活动已经成为各产业界的一种隐蔽的附属产业。

间谍之战

商业间谍活动日趋猖獗是世界经济全球化的一个副产品。

发端于20世纪50年代后期、被称为“计算机战争”的日美高技术开发竞争，随着1982年6月的“IBM商业间谍案”达到高潮。代表日本工业最高水平的日立制作所、三菱电机的雇员在美国被诱捕、起诉的事件曾经轰动一时。

不久前，法拉利怀疑几位已经离开车队的技师正在充当商业间谍，他们企图向别的车队出卖去年帮助舒马赫夺取了15站F1分站冠军的F2002赛车的关键技术数据。

其实，这已经不具“新闻性”了。随着信息技术的飞速发展，很多企业公司不再靠制订长远的战略性计划取胜，而是靠迅速准确地掌握市场和竞争对手的信息，采取灵活多变的竞争战术取胜。于是，市场竞争情报业便应运而生。

全球商业间谍活动日趋猖獗。在“财富500强”的大公司里，几乎每家都设有“竞争情报”部门，从事商业情报信息的间谍业务。可口可乐、3M、通用电气和英特尔等公司，全都派重要人物负责调查商业竞争对手正在干些什么，甚至偷窥对手的策略和动向。

激烈的商战中，经常出现数家公司同时争夺一个项目的状况。这时候，作为一个企业，摸清其他公司的报价就可以使自己在竞争中占据优势。企业不关心商业间谍如何搞到情报，但是他们确实想要情报，为此不惜代价。公司之间的战争是极其残酷和丑恶的，他们不仅想要对方的技术和商业机密，而且还想掌握对方的阴暗面。前些年在美国IT业，包括甲骨文、微软、美国在线在内的一些大公司之间，间谍战故事层出不穷。甲骨文公司雇佣私人侦探刺探在《反垄断法》方面公开支持微软的某些商业企业和政策集团，虽然他们说这样做的目的是为了社会的公共利益，但所有人都相信甲骨文会从受伤的微软得到好处。在硅谷，盗窃创新成果已经屡见不鲜。偷窃手段层出不穷：窃听电话、截获传真和电子邮件、雇佣黑客侵入对方的核心网络系统，有的商业间谍在写字楼转来转去，乘人不备顺手牵羊，一旦被抓获，就伪装成小偷……

很多雇佣商业间谍的公司都认为，女性是做这项工作的最佳人选。工商业领域过去一直是男人的天下，他们几乎独占了所有要害部门的领导职位，人们也习惯于认为女性职员能够获得核心机密的可能性很小。正因为如此，女性商业间谍不容易受到怀疑，而且，三个女人一台戏，女人之间闲聊起来可以无边无际，通过聊天获得情报的机会大增。另外，在所有的职业中，秘书、助理、清洁员是最容易找到工作的，这恰好都是属于女性的职业。

一方面，企业为了在激烈的市场竞争中处于不败之地和寻求发展的捷径，要千方百计探知对手的秘密；另一方面，对金钱和刺激的追求，女性并不输给男性，以致近年来女性商业间谍的人数呈快速上升趋势。

华盛顿日前公开的一份解密文件更是称：在上世纪 70 年代，美国国家安全局曾与澳大利亚、英国、加拿大和新西兰共同组建了一个名为“梯队”的间谍网，目的是对全球卫星通信实施电子侦察。但是美国和英国断然否认它们曾利用这个间谍网来为自己的经济利益服务。

最近一年来，专门为美国中央情报局招收特工人员的斯蒂夫忙得不亦乐乎。“从今年春季开始，寄到我们这里的求职信件快把我们淹没了。”斯蒂夫说不仅中情局（CIA）如此，联邦调查局（FBI）和国家安全局（NSA）也是这样。

自从 9·11 事件之后，“我在为我的国家服务”这个口号已成为美国年轻人中一件很“酷”的事情，尤其他们认为作为一个间谍为自己国家服务是一件“特别酷”的事情。

不仅大学生对情报工作产生了浓厚的兴趣，许多申请做间谍的工作者往往是已经在他们自己的领域里小有成就的专业人士，不少人在国外某一地区已积累了丰富的工作经验。他们不到 30 岁，除了听说过詹姆士·邦德之外，对间谍工作没有什么了解。

如果你要成立电信等竞争激烈的商业领域的公司，那么你成功的关键首先是刺探出对手的实力。在西方国家，许多代理公司可以替你办到这件事，无论是通过合法的手段还是不正当的手段，都能为你提供你想要的信息，使你处于竞争的有利位置。

这是一个争夺情报的世界，人们以前把情报看成是社会的阴暗面，现在把这看成是帮助一个企业获取竞争对手信息的必要工具。美国大部分公司现在都有自己的情报信息部门，主要任务是分析市场。当然，除了设立自己的情报部门外，还要利用外部的调查人员搜集对手的情况。

“冒险顾问团”据说是欧洲最大的商业竞争情报顾问公司，该公司的主管和高级顾问比尔·韦特说：“每个公司不仅要知道自己的实力，而且还要知道对手的实力，你才能处在有利的位置，所以人们越来越注重获取情报。现在有许多情报公司专门提供这种服务，而它们在5年前还没有涉足这一领域。”一些公司加倍注重建立情报搜集部门，因为它们的竞争对手也在搜集重要的情报，有时还通过不正当的手段。一般来说，从事商业情报者尽量远离这种被称为“企业间谍”的行为，因为这在许多国家都是非法的，且有人指责商业间谍与企业之间存在着肮脏的交易。

斯坦福信息处理中心认为，靠不正当手段搞商业竞争情报的人越来越少了，尤其是1996年美国通过了《经济间谍法》后。联邦调查局根据《经济间谍法》调查了800多个社团的违法行为。

当然，由于对商业竞争情报的需求越来越多，各种顾问公司似雨后春笋般地发展起来，这就不可避免地出现各顾问公司会利用法律的漏洞来获取关键情报的现象。例如摩托罗拉公司在世界各地都布有情报点，它们的任务就是监视竞争对手，窥探对方有无兼并计划或有无新技术等有可能影响到竞争大局的情报，甚至监视同行公司的信心和士气。

在一个培训中心，授课老师都是来自美国国家情报部门的“重量级”大师。如威廉曾是美国政府反间谍部门的得力骨干；诺兰曾在德国、柬埔寨和越南等地招收和训练间谍；曾在日本东京为美国中情局从事间谍活动的约翰·昆因和美国国防部情报局前局长詹姆斯等美国老牌间谍亦是该中心的指导老师。学员包括道科宁公司的全球商业情报处经理、阿莫克公司的商业情报经理、皮尔斯贝里公司的情报处处长等。

这家培训中心的理论课程不多，实习几乎占一半时间。学员听过两天的理论课后就开始实习。在这些教师们看来，实习才是最重要最关键的部分，也是最难的部分。

看看诺兰是怎样点拨他的学生的。

满腹牢骚的工人一经诱导，便会一五一十地说出公司的管理情况，并于不知不觉中透露重要信息。律师和管理人员也不难对付，方法就是“装傻”。因为这些体面人士有一共同的“癖好”——都希望别人认为他们有能耐。

诺兰还用录像演示一些刺探技巧片段。其中一段是他和美国国防部的一个供货公司的会计的交谈。诺兰要刺探该公司的利润情况，一开始他用一种错误说法刺激这位会计：“你们的利润率是40%至50%吧。”“怎么可能呢!”会计马上纠正他，并说出了准确数字。诺兰利用了人性中的“为别人纠错的天性”。

在美国情报界，汉密尔顿算得上人物了。他已经为道科宁公司建立了盯梢在美国本土和日本、韩国、法国、德国的竞争对手的“情报预警系统”。他强调他的人从来不为得到情报而触犯法律：“我们不用违法手段达到目的，只不过比别人更机智一点。”不过一个服务于不同公司的美国自由间谍则宣称：“有战争就有欺骗，商战亦不例外。”这种看不见的谍战硝烟，迅速蔓延到欧洲、日本、以色列和一些发展中国家。法国设立了一个新的研究生院——经济战学院，专门培训商业间谍专才。

专职竞争情报人员承认，他们的工作可能看似商业间谍活动，但是却与商业间谍有一个定义上的区别：他们大多数信息的来源是公开的，而且是通过合法、合理的途径搜集的。

尽管无人知道有多少公司从事竞争情报搜集工作，但是大多数美国大公司和许多小公司，都有专人和资源用于分析关于其竞争对手的信息。如果位于佛吉尼亚州亚历山大市的竞争情报职业者协会（Society of

Competitive Intelligence，SCIP）可作为参照指标的话，可以说生意如火如荼。该团体有 7000 名会员，1/4 来自美国以外的地方。在膨胀到现在这种水平之前，该协会在好几年内一直是世界上成长最快的专业人士协会。竞争情报的作用如此巨大，以至于许多包括设在纽约白宫站的摩克制药公司（Merck & Co.）和设在瑞士苏黎世的瑞典大财团 ABB 集团在内的公司，都用竞争情报部替代了他们的企业或战略规划部。

在互联网时代，也许没有比网站更能获得商业情报的地方了，美国 SBC 传播有限公司就大量使用互联网来研究本地的运输商竞争对手。公司网站成为如此丰富的竞争信息来源，以至于有些公司对其网站内容进行限制。

竞争情报的最新边缘地带之一，是发掘所谓“隐藏的万维网”或“看不见的万维网”，即那些没有被搜索引擎索引或编入目录的网站，它们可能被放在网站 CGI 程序背后而使搜索引擎的蜘蛛程序无法找到。隐藏的网页既是重要的信息源，也能使知情者具有竞争优势，因为它们往往难以被发现。

互联网在给予竞争情报专业人员很多帮助的同时，也给他们带来了新的挑战。分析，即情报周期的第二步骤，涉及把从互联网上搜集到的未加工信息变成可用于决策的情报和知识的过程。如果我们都能在同一时间接触到同样的信息，则只有分析才能将我们与竞争者区别开来。业内专业人士同意这是工作中最难的一部分。

商业间谍已成高科技发展隐忧。曾经一心想干掉“微软”的甲骨文（Oracle）的无所不用其极的手段，再度引起各界对商场上盗窃、间谍行径的关切，硅谷的高科技公司更是“略胜一筹”。

事实上，甲骨文聘请私家侦探调查微软是否以金钱影响某些协会及机构的立场，算是比较文明的政治手段。在创造力、竞争力及金钱的压力下，象征人类未来文明的硅谷也有非常黑暗的一面，其手段之一，就是通过窃取对手的商业机密，来打击、超越竞争对象。

在这种情况下，安全顾问公司在硅谷成为另一种新兴行业，他们协助高科技公司建立必要的安全体系，提供措施与训练，其中最基本的做法是，对新聘人员，从主管到看门打杂的，都必须进行安全考核，以防竞争对手人员渗透。

除了高科技情报等商业机密外，窃取高科技公司股票的“内线交易”更是另一种一夜致富的方法。如何防范内神通外鬼也是许多上市公司面临的安全问题。

更夸张的是，美国政府的情报机构，如中央情报局、国家安全局等冷战结束后，在政府主导下，开始刺探外国的商业机密，当然他们的出发点不是特定美国公司利益，而是整体利益。

美国商务部的“促进贸易协调委员会”主持了一个行动，专门负责侦测外国厂商是否在第三国利用不当方法取得合约，而影响到美国公司的商业利益。1994 年，法国与沙特阿拉伯间价值 60 亿美元的武器、民航机及维修合约，就是因为美国情报机构事先掌握有贿赂问题而胎死腹中。

商场如战场，尔虞我诈乃天经地义之事，随着高科技的快速发展及高度竞争，商业间谍行为只会更为猖獗。有人预估每年因此所造成的损失即将超过 1000 亿美元，这也是高科技的“昂贵副产品”。

许多企业采取了严格的内部监控和信息管理措施来防止商业间谍的乘虚而入。比如，IBM 公司新员工进厂的宣誓书上写着：不在任何场所谈论技术秘密；在职人员参加一切活动，均不准触及秘密情况；对方如果问及，要明确拒绝；无法回避时，宁可退席。

在经济低迷，企业竞争日益激烈之际，很多美国大企业每年耗资百万美元刺探竞争对手，将获得的资讯直接用于公司发展策略。

正确的竞争情报可使企业避免犯下代价昂贵的严重错误。从事电子产品行销的安富利公司打听到，服务器产业里有 4 家竞争对手可能不久倒闭，因此，当其中两家以非常优惠的条件向他们招手时，安富利公司并未贸然出手并购，此事为他们避开了原本可能耗费巨资却无回报的投资陷阱。

对商业间谍的处罚，各国都有相关的法律规定。1996 年，美国制定《经济间谍法》，旨在对付从美国公司盗窃贸易机密的外国特工。按照有关条例认定，像可口可乐的配方和微软的源密码之类的东西，都是商业秘密。但是像 SCHWAN 公司需要的工厂的产量等资料却不属于机密，正是这个漏洞，使得SCHWAN公司聘请的安全顾问可以大展拳脚。

毫无疑问，商业秘密不仅是财富，而且关系到企业的生死存亡。在激烈竞争的商场上，将自己生产、管理、营销的资源或信息拱手让予他人，无异于将自己置于死地。

市场新探手

谈到间谍，人们总是联想到美国中央情报局、原苏联的克格勃、以色列的摩萨德以及英国的军情六处等谍报机关。由于这些机构都是国家机器不可或缺的部分，也就让人们产生了一种错觉，认为凡是间谍，都隶属于一定的国家或者政治集团。可是，随着各类间谍事件的不断曝光，尤其是最近以来，美国、欧洲和日本的工业间谍案以及国际情报贩子对台湾军事基地进行刺探等事件的发生，另一种日益活跃的间谍身影出现在人们视线之中，他们便是所谓的“自由间谍”。

其实，“自由间谍”也并非如人们想象的那样无拘无束，可以单枪匹马，凭一己之力深入龙潭虎穴。作为间谍的一种，他们大多数也从属或依靠于一定的民间组织或集团（网络间谍例外），只不过他们工作的动机多数为经济目的，不带有浓厚的政治色彩。这些间谍或组织不再有泾渭分明的政治界限和理念差别，为了经济利益他们可以自由地为不同的雇主提供情报服务，因此被人们称为“自由间谍”。

“自由间谍”往往从属于一定的民间组织或集团，专业自由间谍公司便是其中最具代表性的组织，那里集中了一大批精明强干的“自由间谍”。目前全球最大的专业自由间谍公司便是鼎鼎大名的简氏情报集团。该集团成立于1988年，现为加拿大伍德布里奇控股公司所有，由原简氏出版公司、防务市场服务公司和国际航空有限公司三个情报公司组成，是目前世界上最大的防务、宇航和运输方面的情报机构和出版商。其总部设在英国伦敦郊区，仅1998年的出版物就达105种，在美国、瑞士等地都设有情报中心。它旗下的《简氏防务周刊》更是赫赫有名，每周报道世界各国的最新军事装备新闻；而每年出版的《简氏舰船年鉴》《简氏飞机年鉴》也是专业人士必看的最权威的参考资料。该集团派驻世界各地的百余名记者（其中《简氏防务周刊》便拥有70多名记者）可以说是称职的“自由间谍”，他们每天都源源不断地向集团提供各种公开和内部的军事、科技信息以及市场研究、预测等资料。就连最近被台湾反谍机构抓获的英籍情报贩子也一度被怀疑是简氏的军事记者。

另外，美国的经济学家情报集团和竞争情报职业者协会以及英国的情报文摘，也都是世界闻名的专业商业“自由间谍”和情报公司。值得一提的是，由于冷战结束，昔日两大敌对阵营的大批谍报人员也解甲归田，为了谋求生计，他们只好利用自己的专业知识，纷纷组织起各种小型私人间谍或情报公司。他们中有曾担任过美国中央情报局和联邦调查局局长的威廉姆斯·韦伯斯特，也有曾负责著名的“沃克间谍案”策反和联系工作的原苏联驻美国大使馆克格勃站高级谍报官员奥列格·卡卢金。更有意思的是，卡卢金竟然和美国联邦调查局（FBI）的前谍报专家戴维·梅杰合作开办了一家间谍和反间谍公司。正是这些优秀职业谍报人员的加入，使专业“自由间谍”公司的能力在某些方面甚至不逊于各国的庞大谍报机构。

“自由间谍”的类别可谓是多种多样，包括工商业间谍、军事间谍以及网络间谍等等。他们的存在，为本已光怪陆离的间谍世界又增添了一道奇特的风景。

无孔不入的工商业及军事“自由间谍”

人类工业的进步和商业的繁荣，使工商企业之间的竞争也愈加激烈，各大公司、财团都十分重视对竞争者情况的掌握，一些欧美和日本的跨国公司，都在内部成立了各自的情报部门，高薪聘请在情报搜集方面有所专长的“自由间谍”，为企业的生存发展提供政策依据和情报保障。仅以日本为例，其九大综合商社——三菱、三井、住友、丸红、伊藤忠、日商岩井、东棉、日棉以及兼松实业，都在国内外设立了各种名目的办事机构，它们有的以工商业情报搜集活动为主，有的虽然主要负责经销，但也都负有情报搜集任务。据统计，这样的机构共有690个，遍及世界129个大城市。它们使用各种先进的通讯设备与总部保持紧密联系，仅三井物产公司的“三井全球通讯网”的专线就长达40万公里，而且该公司还使用人造卫星把驻87个国家和地区的185个分支机构结合起来，让这些机构每天能源源不断地送回3万多条工商业情报信息。而在向来重视情报搜集工作的法国企业中，大型石油集团艾尔夫公司便拥有全法国最完备的情报网络。该企业数年前便聘请一些国家退休的情报和反间谍人员，充当该公司的“自由间谍”，以驻外代表、推销商甚至游客的身份监视在非洲的英、美竞争对手。

军事“自由间谍”不同于一般的军事间谍，他们的工作不是为了帮助利益集团在军事斗争中取得胜利，而是直接以自己所搜集的情报换取价值不菲的经济报酬。但他们的工作往往危险性更大，稍不留神，便可能身陷囹圄，甚至会丢掉性命。

2002年8月，在国际情报机构的协助下，意大利警方成功逮捕了桑吉瓦·鲁普拉赫，此君是全球最大跨国军火走私集团头目——“孤狼”维克多·布特的高级助手。他不仅疯狂从事军火、钻石走私，而且还长期协助“基地”组织和阿布沙耶夫组织等进行军事情报搜集活动，是个不折不扣的军事“自由间谍”。

独来独往的网络“自由间谍”

在“自由间谍”世界中，网络“自由间谍”是一群与众不同的人物。他们往往没有特定民间组织或集团的背景，而是凭借个人或少数搭档超群的电脑才能，任意纵横于网络世界之间。其中多数人采取破解网络安全管理系统的方法，窃取大公司、大企业甚至国家的高度机密，然后待价而沽，与任何需要这些情报的组织或个人进行交易。早在互联网方兴未艾的1987年，西德电脑奇才潘科就曾疯狂窃取了美国数字设备公司的VAS系列大型电脑的数据保密程序、用于发展微集成电路的软件包以及上千个电脑加密源程序等资料，然后到处寻找买家，最后将这些价值不菲的情报统统卖给了出价最高的原苏联克格勃。2001年美国国家侦察办公室情报分析员布赖恩也利用自己娴熟的电脑才能，窃取了包括美国可探测空投和信号位置的全球定位仪情报、美国中央情报局的绝密报告以及美国如何跟踪外国间谍等资料在内的大量情报，就在其找好买家准备出国交易时，被 FBI 特工在华盛顿郊外的杜勒斯国际机场逮捕。

“自由间谍”的自由行径

虽然“自由间谍”的种类多种多样，而且为了一定的经济利益可以自由地选择交易或者服务对象，但由于各国官方谍报机构的无孔不入，他们与这些官方组织也有着千丝万缕的联系。日本官方谍报机构内阁调查室、通产省情报所、警察厅警备局甚至自卫队的防卫厅防卫局都与日本各大公司的驻外机构签有长期合作协议。由于日本国情的特殊，其官方谍报机构经费不足、人手短缺，获得情报的渠道有限。而官方机构通过所谓“委托调查”的方式，充分利用半官方和民间情报机构，尤其是上文所述九大综合商社情报机构，发挥其“自由间谍”身份模糊而不敏感的特点，获取了大量对国家安全具有重大意义的情报。此外，一些活跃于国际情报界的单个“自由间谍”，人们俗称为情报贩子，也与各国的谍报机关联系密切。“自由间谍”与一般官方间谍相比，具有其自身独有的优势，他们不仅拥有较大的行动自由，而且不像其他官方间谍，始终是对手注意和监视的重点，其灵活多变的身份使其能够在谍海任意遨游。而进入新世纪以来，由于各种政治、军事以及经济势力分化整合的程度进一步加大，“自由间谍”工作的空间也将进一步拓宽。

谁做“情报专家”

一则信息的把握使朱先生掘取了人生的第一桶金，并成就了一个坐拥 20 亿元资产的民营企业家，然而在此之间的一次信息疏漏使他失去了一个绝好的投资机会，并使得 8 个月的厉兵秣马抱憾而归。在同方控股集团董事长朱先生看来，人生机遇的真实把握其实再也平凡不过，那就是充分获取信息，并利用每一条对自己有价值的信息，抓住机会。

朱先生认为，成功的企业家同时也是“情报专家”。让朱先生进入公众视野的是 2005 年天津的一场拍卖会。

2005年2月28日，天津狗不理包子饮食（集团）公司产权拍卖耗时两个小时，经过154个举牌回合较量，最终在混乱中结束。天津一家中药企业以1.06亿元拍得天津狗不理的整体国有资产，这个价格，比同方控股的出价高出100万元。

在拍卖会开始之前，他们并不知道有这个企业参与竞拍。他们已经为这次竞拍准备了8个月，并调动了3亿元资金，还专门组建了一个班子进行搜集信息。但“半路杀出来”的天津同仁堂，却并没有在他们的掌控范围之内。

拍卖开始的时候，同方控股的工作人员给他发了条消息，称天津这家企业就在他身后，“我当时就感觉不对，觉得自己摆在了明处，而这家企业在暗处。”

事实证明，天津这家企业的确是一匹黑马。朱先生不得不接受这个让他“憋气”的事实，并把教训归结为：没有能及时地获取并分析动态信息。

在整个过程中，对于天津和平区政府拍卖天津狗不理的初衷及天津同仁堂为什么要参与拍卖，同方控股缺乏一个充分的了解。

在2004年5月份，天津产权交易所就有转让天津狗不理产权的意向，如果当时浙江企业能够早点获取信息，并采取行动，也许只要花3000万元就能把天津狗不理带回浙江。但是上年朱先生为此进行推荐时，浙江的一些饮食企业收购的气氛不浓。最终，天津狗不理选择了以拍卖的方式来转让产权。

天津竞拍失利多少给朱先生心里留下了一丝不快，但是他也坦言，过去的事情多计较也没用，自己的下一步是经营管理好自己的企业。商场上的历练已经让朱先生总结出了一个道理：企业家，必须是一个“情报专家”。

事实上，朱先生就是靠对于“情报”的敏锐把握而起家的。

1987年，当时25岁的朱先生还是一名政府公务员，一次聚会上，有个朋友感叹：现在军装很流行，可就是难买到合适的款式。军人出身的朱先生随即咨询了一些缝纫工，在了解到军装制作成本不大，需求却很大这一事实后，辞掉了工作，怀揣着仅有的400元开始了自己的创业生涯，靠服装加工在3年后完成了150万元的资金积累。

现在，搜集信息是朱先生每天的必修课，“多看看报纸，多浏览网站，多同客户接触，多联谊行会和商会……”朱先生说，在办公室里，他的电脑几乎是天天在线的，只要在他看来有用的信息，他都记在心里，随时出击。

“1990年，我在证券公司买国库券时，证券公司的一位工作人员不经意地说道：股票是新生事物，如果是自己有钱可以买点股票试试。”朱先生说，当时他还不知道股票是何物，但还是看起了有关股票的书籍，并在3个月后杀入股票市场，并由此完成千万元的积累。时至今日，朱先生说，他还要感谢那位普通的工作人员。

2000年，朱先生在股市的资金有所壮大，上证指数也达到了2200的高点。当时他听到一个消息：史美伦要来当中国证监会副主席。他查阅了她的资料，知道她素有“铁娘子”之称。她的上任可能会意味着内地股市将进入治理整顿期，一段时间内股票将会出现多转空。于是他决定“撤兵”，有一只股票，他是“割肉”以3000多万元退出来的。他退出之后，内地股市就开始了长时间的熊市。

如今，朱先生对于行业内的情报搜集和信息管理，已经归纳出了自己的黄金法则，并将其运用于企业的管理。他说这个法则是从报社的采编部门学来的：首先是建立情报搜集和信息传递网络，进行定期、专向地直接跟踪和推进；其次是各个人员得来的消息及时向对口业务部门或负责人以及信息管理机构同时进行通报汇总；第三是各个主管部门及时判断有价值的信息，并制定策略形成执行文本。此外，还必须定期进行信息管理激励和考核，以促进信息情报搜集、传递和执行的动力及压力。

间谍就在你身边

人们熟悉的克格勃是一个神秘、令人生畏的间谍组织。因为它的神出鬼没和防不胜防，曾令无数人为之不寒而栗。

其实何止是国家之间，又何止限于军事、政治……我们的企业，你可曾注意过一种潜伏在自己周围甚至是内部的商业“克格勃”？它又何尝不是一个足以摧毁一个企业乃至整个产业的重大隐患！

几十年来，甚至百年以来，我们的国家，我们的企业，在无意识中丧失了多少商业机密！恐怕谁也说不清。百年前，一筹莫展的英吉利人曾轻而易举地窃取了我们用几千年才炼就的独一无二的制茶技术；再看看刚过去的20世纪，我们又是如何向那个扶桑小国慷慨地“赠予”了堪称我们灿烂文化根基的景德镇陶瓷技术、中药技术、宣纸技术……

随着高科技快速发展带来的竞争愈加激烈化，全球范围内的商业间谍行为只会更为“猖獗”，更为普遍。

当企业恪守市场规则的时候，他们总是天真地认为职业道德是市场营销人员固守的底线，但这种底线实际上却被竞争对手无情打破，特别是在国际市场竞争激烈的后冷战时期。

那么，借你一双慧眼吧！时刻警惕那些商业“克格勃”，他们正在利用现代和非现代的手段，接近你、侵蚀你、掠夺你……

1996年8月，德国大众汽车公司发现有人在公司戒备森严的车辆试验区一土丘下，埋了一架十分先进的现代化红外线照相机，偷拍公司正在研制的两种新车型，并将照片通过卫星传送到外地，给公司造成了巨大损失。

2000年6月底，欧洲传出惊人的消息：欧洲的长期盟友美国利用其在冷战时期所建立的间谍网对欧洲进行了长期的商业间谍活动。专家们在欧洲议会委员会一个特别听证会上，向来自欧盟各国的代表提交了一份令他们大惊失色的报告。报告指出，多年以来，美国国家安全局一直在使用一套覆盖全球的电子监控系统窃取各国情报，包括欧盟国家的商业机密，从而使欧盟各国遭到了严重的经济损失。迄今为止，这个间谍网至少已经两次向美国公司提供关键情报，帮助它们打败与其竞争的欧洲企业。

其实商业间谍最善于的，还是利用人际关系，拿“人”开刀。大多数信息从未写下来——只是悬浮于人们的头脑中。取得这类信息的唯一途径是与之“交谈”。这就是为何“最有价值的网络是人际网络”的原因。

但我们企业的人力资源部门，却没有做好“人”的工作。

有一位周先生路遇老同学，顺便问起她为什么不在原来的家族企业工作，却跑到另一家同行——X公司“与亲为敌”时，她神秘地将黑眼珠转了几圈，定住神后盯了周先生足足有5秒钟，然后才痛下决心地说：“看在多年老友的份上，我告诉你，我在X公司做到公关部部长了。”原来，X公司的总经理非常信任她，每有客户谈判都要她参加。她的“任务”就是要将X公司的资源笼在自己的手里，三年后，重新回归家族企业去。

“那你不就是间谍吗?”周先生脱口而出。老同学则心照不宣地一笑。继而，他们双双无语。

市场间谍竟然离我们这么近！其实这也并不奇怪，从古至今，间谍从来都是“随风潜入夜、润物细无声”。

看不见的手

市场是一切经营交易的推手，这是一双向市场进一步深度拓展的有力推手。而在这双巨大推手的推动中，更有一只看不见的手，在促使市场竞争的残酷性。

曼联队曾发现，在一场重要的比赛中，该队在更衣室内有关球队战术安排的谈话被人窃听。谈话的录音带被交给了《太阳报》。日本三井住友银行伦敦分行曾惊悉，一伙犯罪分子在其电脑上安装了按键记录器，试图盗取2.2亿英镑。这个记录器据称是由清洁人员安装的。2003年，波音被美国空劫了价值10亿美元的合同，因为它被发现从其竞争对手洛克希德——马丁那里非法获取了一些文件。

虽然人们对于电脑犯罪都很戒备，并在一系列恐怖袭击之后采取了严格的物理防范措施，但企业有时可能忘记，还有许多其他机会可能导致机密信息被秘密窃取和错误使用。所有公司都热衷于控制办公大楼的人员出入和保护电脑系统，但在这两者之间有很大的漏洞。在应对商业间谍方面，采取防范措施的公司少之又少。如果人们希望从你那里获得信息，他们会寻找你最脆弱的一环。如果你有一个运转管理完善的防火墙，那他们不会选择它作为突破口。他们有可能选择垃圾筒。可能是在酒吧偷听谈话，也有可能是贿赂清洁人员获取信息。其方法不必很复杂。出现这种现象的原因是，通过获取机密信息，投资者可以迅速赚取巨额钱财。

对商业行为实施窃听已经变得越来越容易，因为窃听器更为唾手可得，价格更便宜，功能更强大，体积更小。例如，一个隐藏式 MP5 播放器就能录下好几天的谈话内容。电话窃听器可以暗中安置在房间里，并可以在任何地方进行接听，这种接听常常能够避开检测，因为它与普通的手机信号类似。

在一些商店里，以及在互联网上，这些东西随时都能买到，而且非常便宜，用完就丢也不可惜。另外一些“詹姆斯·邦德”式小玩意儿也很好买。那些东西体积小，又便于掩藏，比如，隐藏着摄像头的伪造烟雾探测器。

想当间谍的人也会乐于搜罗你的垃圾。许多公司相信，碎纸机可以处理敏感信息，这种坚信寄托错了对象。碎纸机有 6 个等级。6 级是最有效的，但最常见的是 3 级。5 级以下的碎纸机粉碎过的文件都能用软件重新拼合起来，或者把废纸送到劳动力便宜的国家拣选出来。

科技让间谍更容易。而新的雇佣就业趋势也起到推波助澜的作用。安放在企业总部、酒店房间或者酒吧中的间谍设备也许是某一个人。这个人可能是收入较低、没有经过详细背景审查的临时清洁工，也可能是个心怀不满的雇员。

员工在受人蛊惑之后，会不知不觉地把密码泄露出去。他们在大声接听手机电话时，或者在丢失黑莓（一种无线电子邮件收发设备）之后，都可能把信息泄露出去。间谍可能在高层员工的家附近下手，寻找开放的无线网络连接，或者无线电话信号。

当一家企业处于高度敏感期或危险期的时候，行业间谍往往就会出现。我们发现，间谍行为经常出现在企业遇到困难的时候。一家企业遇到困境，往往为其他企业进行商业间谍行动提供了动机，他们可以对这家企业发动收购。

有时候，商业敏感信息并不总是员工们熟知的形式。除了可能影响企业运营的信息，间谍可能还对合资企业以及技术授权的细节很感兴趣。

有一些常见的现象总在酒店宾馆出现：酒店房间晚上有人进入，笔记本电脑硬盘被全盘复制，这种事情并不陌生。那些经历过这种事的人，往往不知道发生了什么事。间谍是可以被击败的。在防窃听方面，召开机密会议期间，反监控公司可以对整座大楼进行电子扫描，以“电子毯”屏蔽会议室。百折不挠的间谍可能使用激光装置“读取”会议的声音振动频率，或者远距离拍摄视频，然后让懂唇语的人“解读”。因此，如果会议内容确实敏感，企业可以使用具有秘密入口的秘密地点。

在员工方面，企业应该审查可疑员工，鼓励员工不要将文件和任何敏感性资料放在桌上。他们不应使用共享打印机来打印敏感文件，如果笔记本电脑里存有敏感信息，他们应该加倍谨慎。更多的企业应该记住，从旧硬盘上清除信息的唯一方法，是销毁这块硬盘。

荧幕上，谍战剧热播；现实中，在没有硝烟的商战里，也潜伏着形形色色的“间谍”。他们的“任务”，就是窃取商业秘密。

有一家化工企业就被安插了“间谍”。

这个“间谍”，化装成最苦最累的搬运工，7 次混进企业里，想偷取“秘方”。

这家化工企业的拳头产品在业内很有名气，质量好，价格低，非常有竞争力。

生产这种产品有个秘密配方，它需要添加一种“保险粉”。“保险粉”的配方是什么？除了核心人员，谁也不知道。但是，据说如果“保险粉”失窃一点，配方就会被轻易破解。该企业很重视对这个化工配料的保密。每次购买配料的原料时，都只派一个人去进货，还要把包装拆掉，以防泄密。

尽管如此，仍有同行千方百计想得到这个秘方。为了拿到一点“保险粉”，他们费尽了心思，还不惜为此请动了一位“商业间谍”。

6 月的一天，运送“保险粉”的大货车又一次来到了这家企业。像以前一样，十来个搬运工人被叫去搬货。谁也没发现，这一次，搬运工人中间出了一张生面孔。这个人很少说话，只知道埋头干活，很肯出力气。大家都对他没什么印象，事后回想起来，也只记得他大约 40 多岁，穿得很土。而且货一运到，他就“神秘”地出现了。虽然有人觉得他面生，但一干起活来，大家也就没多加注意了。一段时间里，他一共出现了 7 次。也就是在这个时候，上虞工商部门开始开展商业秘密保护的指导工作。

在这个人第 7 次出现的时候，企业有了警惕：这个人毕竟看着面生，他是从哪里来的？企业的一位负责人多了个心眼，先去问一起干活的搬运工，结果 10 来个搬运工，谁也不认识他。负责人急了，赶紧去查员工名单，结果根本没这个人。不拿工钱，免费给企业做最脏最累的活，哪里有这么好的人。负责人几乎可以肯定，这个人绝对另有企图，他应该是个商业间谍！

负责人吓出一身冷汗。本想着手布置“抓贼”，但是“间谍”的“耳朵”很灵，一听到风声，马上溜走，从此再也没有出现。幸好，由于之前保密工作做得到位，“间谍”潜入 7 次，也没偷到“保险粉”。

“搬运工事件”以后，该企业很快进行了风险整改——把办公与生产区域隔开来，人员必须刷卡才能进入生产车间，以防止泄密。这家化工企业的间谍遭遇并非个例。在商业战争中，泄密与护密，潜伏与反潜伏的个案在各个行业均存在。

生死情报

现在，企业争先恐后地进入国际市场。在国际市场上，越来越多的企业大显身手、大获效益。

然而，市场越是国际化，竞争越是激烈化，在国际市场上，人们看到更多的是竞争中的“火药味”，尤其是商业间谍在市场交易中的生死搏斗，在搏斗中，凸显出的是市场谍影的诡异行踪和企业的生死惨烈。

变相实验室

上世纪 80 年代，法国一家低温磁场实验室迎来了几个美国参观者。

这几个人号称是“研究员”，其实是美国的经济间谍。

美国人对这项技术很感兴趣，正常情况下，应该是采用窃听，或者行贿、收买等方式来盗取技术。不过美国人没有这么做，他们告诉法国人，建议他们到美国去建另一个实验室，并许诺很高的工资，也许诺高价购买实验室设备。

有钱的美国人轻松搞定了他们的对手，用钱搬走了一个实验室。这是美国人做经济间谍的一种方式。

其实，在经济情报的窃取过程中，每个国家都有自己的特色。

变身“高卢海盗”

在西方国家中，法国似乎是最盛产经济间谍的国家，很多时候，他们的经济间谍不是来自民间的公司，而是来自国家的情报部门。

1993年，法国布尔热航空博览会即将开展，但美国的休斯飞机公司却拒绝参加这一盛会，拒绝的理由让法国人很尴尬：美国人担心展出产品后，难以抵挡法国经济间谍的渗透。

在美国民间，法国的经济间谍得到了一个“高卢海盗”的称号。

1964年，美国助理国务卿乔治·鲍尔到法国戛纳参加肯尼迪回合谈判。当他下榻华丽饭店后，由于忙碌了一天，鲍尔马上进入了梦乡。

凌晨一点，鲍尔就寝的房间门被慢慢打开，没有丝毫声音，因为门的合页早早就涂上了油脂。一个女性身影接近鲍尔脱下的西装，在口袋里翻动起来。

这个偷偷潜入的女性，是法国情报部门的一位女伯爵。她很轻松地在西装口袋里找到了约翰逊总统下达给鲍尔的最新指示。就这样，当双方再次谈判时，法国人对美国人谈判的底线已经了如指掌。

法国情报部门的一位官员透露，在上世纪70年代，法国谍报部门大概有2500多名特工，以及同样数量的“通讯员”，他们中的15%～20%专门用来对付美国，而他们希望获取的，就是商业信息。

出人意料的“小聪明”

在国际经济间谍中，最有特色的间谍无疑属于日本，他们的间谍技巧总能出人意料。

行贿之外，日本人的间谍技巧同样异彩纷呈。

日本人精打细算，有的时候，根本不用非法手段，也能获取有用的情报。这就是日本经济间谍的“小聪明”。对于日本人的“小聪明”，中国企业深有体会。

日本某企业代表团到天津访问，会谈时电灯突然闪了一下，他们立即判定天津电力供应紧张。以后在天津购买电力设备时，日本人马上抬高电力设备价格，而且不愿做丝毫的让步。

还有一次，日本一巨商来华推销钢材，交谈中我方外贸人员无意告知对方，我国将大量进口钢材。结果这位商家借故中止谈判立即起程回国，串通西方几个主要钢材出口国，猛抬价格，令我国损失惨重。

日本人往往能在别人意想不到的地方下手。比如搜寻经济情报的时候，日本人喜欢物色小公司。因为日本的经济间谍有自己的想法，他们发现小公司的老板都是从大企业、大集团跳槽出来的精英人员，所以，他们也可能掌握核心技术。

这就是日本人的算计，他们能够在最不可能的地方埋伏。所以，日本人建立了最为完善的经济情报信息网，有“情报吸尘器”的美称。

不经意的“顺手牵羊”

1973 年，苏联的航空部门发布了一个消息，愿意和美国的波音公司合作，建造一个年产 100 架巨型客机的飞机制造厂。波音公司非常兴奋，盛情邀请并款待了由 20 名苏联专家组成的先期“考察团”。这个考察团参观了波音公司的飞机装配线，而且还被破例允许拍摄了不少照片。

无论是参观装配线，还是拍照片，都会泄露不少秘密。不过，波音公司并不太在意，他们认为苏联人掌握不了一个最关键的环节——合金。

当然，苏联人不会与美国人合作建厂。但让人奇怪的是，苏联很快就成功地制造了巨型喷气式运输机。原来，苏联人耍了个小把戏，他们参观工厂的时候，所穿皮鞋的鞋底是特制的，能吸取从飞机部件上切削下来的金属碎屑。经过化验后，苏联人就掌握了波音的不传之秘。

和美国人、日本人、法国人相比，苏联情报人员就要穷酸不少，他们没有太多的经费，买不起大的实验室，也买不起小公司，要得到情报，就只能发挥“第三只手”去顺手牵羊了。

有的西方研究机构甚至声称，苏联拥有 2 万名经济间谍，它所拥有的技术中大约有 90% 来自西方国家。从外交官、记者、科技人员到游客，每个苏联人都有可能是经济间谍。

苏联解体之后，俄罗斯继承了苏联庞大的情报机构和间谍人员。因此，俄罗斯也为世界各国提供了大量的经济情报搜集人员，当然，也继承了苏联间谍顺手牵羊的特征。

“硝烟”弥漫的市场

市场是看不见硝烟的战场，在谍影重重的现实中更为真切。

看不见硝烟的战场并非仅限于像电影《永不消逝的电波》那样的镜头：没有了潮湿的地下室和滴滴作响的发报机，谍报人员在和平年代仍然发挥着常人难以想象的作用。几乎所有的大公司都得依靠情报来制定策略，也几乎所有的大公司都因情报外泄而蒙受损失。商战中，占得先机才是王道。

世界四大会计师事务所之一的毕马威曾遭遇一场奇异的商业间谍案。

2005 年春天，毕马威财务咨询服务有限公司的会计师盖·恩接到一个陌生人打来的电话。电话那头的人有一口清脆的英国口音，他自称尼克·汉密尔顿，说有至关重要的事要找盖·恩面谈。

两次会面后，盖·恩相信了汉密尔顿是一名英国情报人员的说法，并将公司的一些绝密审计文件装在塑料盒里，放到汉密尔顿指定的秘密地点。然而这位会计师却不知道，汉密尔顿并不是英国女王陛下的特工人员，这些文件也根本没有转交到英国政府手里。

汉密尔顿的真实姓名是尼克·戴恩，他曾经确实在英国情报部门工作过，如今是某私人情报有限公司的创始人之一。从一开始，该情报公司的目标就很明确——渗透到毕马威中，抢先得到总部设在百慕大的

IPOC 公司的审计结果。

实际上，俄罗斯的阿尔法集团公司以旗下一家分公司的名义雇佣了著名的游说公司，而这家游说公司转而又雇佣该情报公司。阿尔法正在同 IPOC 为争取俄罗斯电信企业 MegaFon 公司的大宗股份打得难解难分。

该情报公司内部将这次毕马威行动命名为“丝兰计划”，而执行该计划有着明确的步骤。首先，由两名该情报公司雇员假称自己是即将在当地召开的一次司法专题会议的组织者，联系毕马威（百慕大）公司。他们给毕马威的秘书打电话，打听公司的分工等信息。不久，该情报公司就得到了有机会接触 IPOC 数据的职员的名单。很快，他们盯上了盖·恩——一名在英国出生的会计师。接下来，就有了故事开头的电话和一次又一次的碰面。

在多次“跟踪审查”确保盖·恩不是一个反间诱饵或者别的商业情报公司的间谍后，戴恩不动声色地把话题转向了他真正感兴趣的 IPOC 的审计工作。不久，盖·恩就陆续把弄到手的毕马威秘密文件交给戴恩。这些文件包括毕马威在审计过程中对 IPOC 相关工作人员调查问话的笔录。

至此，整个“丝兰计划”尘埃落定。该情报公司从“丝兰计划”中得到了丰厚的报酬，盖·恩也获赠了一块价值数千美元的劳力士手表，但戴恩却告诉他，“这是英国政府对盖·恩努力工作的感谢”。

然而，“丝兰计划”百密一疏，最终还是漏了马脚。2005 年 10 月 18 日，一名不明身份人士把一捆文件放到毕马威在新泽西州蒙特维尔的办公室门前。这些文件包括该情报公司的业务记录、电子邮箱，以及“丝兰计划”的相关细节。

2005 年 11 月 10 日，毕马威财务咨询服务公司以欺诈和不当得利为由，在华盛顿地方法院向该情报公司提起民事诉讼。该案于次年 6 月 20 日结案。法院判决这个情报公司赔偿毕马威 170 万美元经济损失。

在大多数情况下，利用一切可以利用的手段来尽可能多地获取外界的信息，实际上是企业每天都必须要做的功课。

第二章 企业谍袭

世界不太平，同样，企业也不太平。商业间谍利用高科技进入企业刺探和窃取情报，让越来越多的企业感到企业的核心技术可能随时被对手侵吞。

瞄准企业，袭击企业，以各种手段窃取企业信息情报，使企业成为商业间谍的重点对象。

谁是商业间谍

“间谍”不再只是屏幕上的艺术角色，而是活跃在我们的现实生活里，甚至就在家门口转悠。

1757 年，普鲁士国王腓特烈大帝率领普军 22000 人，对阵法国苏比兹亲王率领的法奥联军 42000 人。最终普军以少胜多。这就是史上著名的罗斯巴赫会战。战后，一名被俘法国军官受邀与腓特烈共进早餐。席间，年轻军官询问大帝战胜秘诀，腓特烈放下餐刀说：“贵国元帅有 20 个厨子，却没有一个间谍，而我有 1 个厨子和 20 个间谍。”

在伦敦“小黄瓜”大厦顶层，白石防御系统公司的首席执行官克里斯平·斯特罗克指着下方风雪中一幢不起眼的写字楼，说道：“那里有一个装置。”白石防御系统公司是一家信息安全咨询公司，专门帮助企业对付间谍。“他们不是我们的客户，但每当我们扫描附近大楼里的信息传输时，就会搜到它。它在那里很长时间了，源源不断地输出信息。”有人在那幢大楼里安装了一部电子装置，用于窃听楼里某个租户的信息。维基解密时代的来临，让人不由得以为一切泄密事件都会成为头条新闻。但一般来说，企业泄露的信息只有极少数人感兴趣——比如竞争对手，或者潜在买家。斯特罗克表示：“人们搜集竞争性信息通常是为了获得经济收益和优势。”

当然会有一些企业间谍案登上传媒。2006年，惠普因涉嫌监视董事会成员的电子邮件和通话记录，遭到美国众议院能源与商业委员会、加州总检察长办公室以及证券交易委员会的共同调查。结果导致不少人辞职。在一起官司中，连锁酒店运营商喜达屋指控一些前高管离职后，携带机密信息加盟希尔顿酒店集团。希尔顿则表示上述指控毫无依据。

闹得众所周知的案子时常出现。最好是永远别让竞争对手知道你窃取过他们的信息，否则你以后就没机会这么干了。而且，你可能不会马上使用那些信息。间谍要是聪明的话，可能会执行一项五年计划。这就像打扑克，你不会每把都赢。相反，你会等赌注累积到足够大时再出手。而奖金可能大得惊人——花几万块钱窃取企业机密，可能带来几百万的回报。

遗憾的是，人们往往事后才会发现真相，而事前一无所知。你的公司可能在一连串本来势在必得的投标中失利，或者你的竞争对手可能对你们要发布的新品未卜先知，让人不可思议。或者，一位忠实的顾客被你们的竞争对手（对你们公司非常了解）收买后，可能向他们告密。

搜集竞争性情报的行为，一方面，以合理的方式从某人口中套出信息，或把零碎信息正确地拼凑在一起，几乎可以肯定是合法的。另一方面，在会议室安装窃听器或暗中侵入他人电子邮件则可能是违法的。

一旦你起了疑心，或许就应该着手展开调查，采取诸如排查敏感房间是否被窃听或在数据库里设陷阱之类的措施。你可以在数据库里植入一些信息，一旦有人激活这些信息，就会对你发出警报。植入一个虚假的联系信息，实际上那是你专门创建的一个电子邮件地址。人性的弱点可能是最容易被攻陷的环节。无需花费很贵就能买到的普通窃听器可能被安装在咖啡室里。或者间谍可能和某个能够接触到高级别信息的低级职员——比如董事的个人助理成为朋友。

得知发生了泄密事件以及泄露的是什么信息，我们通常能推断出信息是从哪里泄露出去的。当我们知道是什么信息泄露时，就会确定影响和知情范围。谁知道这一信息，或者认识知道这一信息的人，画出一张文字图，然后缩小嫌疑人范围。这样你就不是在胡乱猜测。完成这个步骤后，通常你应该研究关系网络数据。谁给谁发电子邮件？他们有哪些行动安排？

还有其他一些搜查方法。文档追踪系统可以让你得知谁正在查看或更改重要文档。大多数装置都会在有人插入 U 盘时创建一个时戳。

一位女士引起了自己就职公司高层的怀疑，因为她经常在周六登录公司网站。原来她是为了掩盖欺诈行为，之所以选择在周末行动，是因为她以为在工作时动手脚更容易引起怀疑。殊不知正是由于她在周末动手才引起公司高层的警惕。

不过，在很多案例中，信息纯粹是经由私人电子邮箱账户泄露出去的。这些账户在默认状态下都是加密的，如果发送出的附件大得可疑，公司便能够注意到。但是间谍经常有一些简单出奇的方法来绕开高科技的安全防卫措施。比如数据库的文档无法保存，于是间谍便逐页浏览文档，获取屏幕截图，然后通过电子邮件以 JPEG 格式发送出去。

信息也有可能根本不是直接从企业内部泄露出去的。你必须十分谨慎，切勿仓促下结论。有这样一个案例，调查后发现泄露信息的是为该公司审计账目的会计公司。泄密地点可能在第三方场所。如果公司在外面预订了会场，就很容易查出泄密的时间和地点。

不论是哪种情况，决定何时收网都是艰难的选择。从调查的角度来看，直接出面阻止也许并不是理想举措。你需要掌握证据，拿到电子邮件和个人电脑记录。如果我们发现一个装置，我们当然可以将它拆除。但公司方面可能希望查出是谁放的，或者通过该设备提供假情报，或是设下陷阱。如果一个装置需要换电池，那么就必定有人会去换。当场抓住此人，或许能让你找出幕后的竞争对手，并有利于你向对方提出起诉。

诡计多端的间谍术

竞争的残酷导致竞争双方采取不可告人的竞争手段，尤其在占领市场的关键时刻，更是花样百出，甚至诡计多端。商业间谍使用的各种间谍术可让人大开眼界，其主要方式有——

方式1：招聘套密

法国一工厂研制成一种新型洗涤剂，去污力强，销路好，获利颇丰。美国一家公司见状后，便设下圈套以获取有关资料。一天，巴黎各大报刊上出现一则醒目广告：招聘8名高级化工专家，以便在欧洲设厂，待遇优厚。广告刊出后，应聘者纷至沓来，其中就有曾参与制造洗涤剂的几位专家。美国人在对他们进行“面试”时，巧妙地套出了这种新产品的配方和部分生产工艺。当几位法国专家还在静候佳音时，这几个美国人早已不知去向了。不久，这种新型洗涤剂便在美国面世，并打入国际市场。

方式2：伪装猎密

巴黎的时装闻名世界。在巴黎的时装大厅内，观看者只准用眼看，不准用笔描绘，更不准拍照、摄像。英国一名女时装间谍把照相机钉在帽上，用几朵花伪装起来，一旦需要，按动一下小花，新款的时装样品就被猎取了。

方式3：酒后泄密

经济间谍常常会伪装成求职人员到竞争企业搜集情报。一家铸造公司雇佣了一名以旅游护照入境的工人，这名工人每天早晨都很早上班，整理工作现场，工作也积极肯干，得到了公司老板的信任。一天在一起喝酒的时候，他对老板的专业知识大加称赞，随后似乎是不经意地提问有关公司技术上的问题。老板在得意之余，详细地解释了核心技术的具体内容。

方式4：苦肉获密

丹麦有一家著名的啤酒厂，其酿造技术堪称世界第一，为了保护自己的企业利益，保密措施极严。忽一日，酒厂老板驾车外出，刚出厂门，就撞倒一个日本老头。经医院抢救后，这个老头的一条腿还是断了，待这老头康复，柱着拐杖向老板辞行时，老板过意不去，说道：“你是异乡之人，很对不起你！”就拿了一笔钱送给那老头。那老头却说：“我无家无业，再多的钱，也有用完的时候，请先生关照，让我守大门或干一些力所能及的打杂的事，有碗饭吃，我就心满意足了。”酒厂老板看他可怜，话说得也诚恳，就留下他当了门卫。这个日本人工作非常认真，对出厂货物检查十分仔细，进厂客人没有厂方许可，一律挡驾，赢得了老板的高度信任。三年后，日本人告假还乡，一去不复返了。经过调查，终于弄清楚这位日本人年纪并不很大，来丹麦是为觊觎这家声誉很高的啤酒厂的酿造技术。可由于酒厂保密太严，他不得已用了“苦肉计”，利用工作之便，掌握了这家酒厂的原料、工艺、技术、设备的情况。他返国后所造的啤酒打入国际市场，成为丹麦酒厂的劲敌。

方式5：电邮偷密

利用黑客技术通过网络进入对方数据库窃取机密信息是商业间谍们普遍使用的手法。2009年，全球最大的电器控制系统制造商美国AMX公司爆出丑闻，驻纽约地区分公司的前副总裁戴维·戈登堡非法侵入新泽西州蓝宝石市场营销公司的电子邮件系统偷看信件。蓝宝石为AMX的主要竞争对手快思聪公司提供营销咨询服务，戈登堡在法庭上承认此举是为了非法获取快思聪的市场营销战略。

方式6：下载获密

2007年3月，美国软件巨头甲骨文公司向旧金山地方法院提交起诉，称竞争对手德国SAP公司利用旗下子公司与甲骨文的业务联系非法闯入其网站受密码保护的部分，并下载了近千份敏感资料。双方最后达成和解，SAP付出巨额赔偿。

方式7：木马夺密

2004年，以色列一名作家发现自己尚未发表的手稿离奇地被刊登在互联网上，随后在有关部门的协助下发现了原委，平时用来写作的手提电脑竟被植下了特洛伊木马程序。这种软件可以偷偷地将窃取的文字和图片等数据发送到多台网络存储服务器上。

以色列警方随后顺藤摸瓜找到了设计特洛伊木马的黑客，但是原本以为案件到此为止的调查人员吃惊地发现，该黑客还同时为该国三家著名私人侦探事务所提供这种软件。而那些私人侦探们在高科技的帮助下向自己的企业客户提供窃取来的竞争对手的情报。这起被称为以色列历史上最严重的商业间谍案导致数十名私人侦探和企业高管被捕，受害企业的损失高达数亿美元。

方式8：垃圾寻密

有的时候，商业间谍们还盯上竞争对手的垃圾箱，希望能从丢弃的废物中找到有价值的信息，这种方法在很多情况下还的确奏效。

2000年，著名软件业巨头甲骨文公司的首席执行官拉里·埃里森向公众承认，他曾下令对微软实施长达一年的“间谍行为”。原来，甲骨文派出私人侦探去美国竞争技术协会、独立研究所和全国纳税者联盟三家机构的垃圾桶里搜索情报，想知道这些机构有没有收受当时正面临垄断指控的竞争对手微软公司的贿赂。埃里森表示，这样的行为是在尽公民的责任，“我们绝对是做了搜集工作，而且对这样的行为我也绝不会感到抱歉”。

方式9：窃器盗密

在获得奥斯卡最佳外语片奖的德国电影《窃听风暴》中，东德自由派作家的日常起居受到情报人员的监视和窃听。而在现实生活里，德国奢侈汽车品牌保时捷公司的首席执行官文德林·维德金也有类似的经历。2007年在即将和德国另一汽车巨头大众公司举行重要会议的前一天，保时捷聘请的安保人员在维德金下榻酒店套房的沙发底下发现了微型窃听器，这显然是竞争对手想搞清楚维德金和大众方面到底要谈些什么。

方式10：买员得密

俗话说得好，堡垒最容易从内部被攻破。这句话应用在当今的商业间谍战场也非常合适，让对方雇员提供情报是不少企业喜欢的办法。

在2007年震惊国际体坛的F1“间谍门”丑闻中，法拉利车队指责竞争对手迈凯伦车队买通法拉利前技术主管奈杰尔·斯蒂芬获得最新情报。据悉，斯蒂芬向迈凯伦车队的首席设计师迈克·考夫兰提供了长达780页的绝密情报，包括法拉利赛车的内部结构、运转设计、调试数据、战术秘密和未来发展多项细节。这次事件成为F1有史以来最大的一桩间谍案，迈凯伦车队最后被国际汽联取消所有积分并罚款1亿美元。

而在1943年，宝洁公司买通联合利华公司的员工偷出几块新产品

“天鹅”牌香皂。在进行了化验和分析后，宝洁公司改进了自家的“鸽”牌香皂。联合利华公司在发现真相后以盗窃专利罪将宝洁告上法庭，不过双方最后以庭外和解、宝洁赔钱了事。

而曾为胶卷巨头柯达公司服务28年的工程师哈罗德沃登买通的则是自己的前同事。他在离开柯达后创办了自己的咨询公司，但实际业务却是通过贿赂前同事向柯达公司的竞争对手提供有关胶片材料的情报，并从中赚得盆盈钵满。

方式11：挖墙掏密

收买对方企业雇员一般要偷偷摸摸进行暗箱操作，以免被人察觉，但有时候则会摆到台面上来进行，那就是挖墙脚。

通用公司的前高管何塞·洛佩兹是美国汽车界的风云人物，任职期间通过在一系列领域的革新大大降低了生产成本。德国大众公司首席执行官皮耶奇看上洛佩兹的能力并成功说服其跳槽。洛佩兹离开通用时带走了12箱“私人文件”，里面实际包括通用的新车计划、供货价格和生产线等最高机密。通用获悉后将大众和洛佩兹告上法庭，并最终获得1亿美元的赔偿。

方式12：乌龙取密

有时候，一些粗心的企业甚至不需要竞争对手过来窃取就主动把情报送了出去，最常见的就是不慎丢失资料和样品。此外，与合作方沟通不善也是造成情报泄露的重要原因。美国一家软件公司曾和某大学研究所联合开发新软件，还没等到正式推出市场，科研所就在网站上公布了部分研究成果，结果让竞争对手占了先机。

方式13：网络截密

利用国际通信网络进行窃听和截取情报。如美国一家生产电讯器材的公司，在国际性投标中经常被外国公司以微弱的价格差所战胜，在分析失败原因的同时，这家公司发现对方在其计算机、电话和传真机线路上连线，预先知道了投标预定价格。

“引狼入室”的招聘

企业的一个重要年度计划就是每年的员工招聘，但现在的商业间谍，已经瞄准各企业的人员招聘时机进行商业间谍。

通常，间谍只会出现在侦探影视作品或是悬念小说里，仿佛离我们的现实生活太遥远。可是某精益电器仪表厂陈厂长的一次场外招聘经历，给我们提了个醒：小心，商业间谍就在我们身边。

两年前，白手起家的陈厂长研制的一种新型燃气计量表获得了国家专利并投入生产。因为这种新型燃气计量表需要专业人才来检验，陈厂长打算到人才市场招聘一位。精打细算的他为了节约招聘入场费，在人才市场外面的马路市场找到自己想要的“人才”——一位叫王林的年轻人，某大学的毕业生，对计量检验业务非常熟悉。

王林很快就熟悉了厂里的工作环境和气表的检验业务，他默默无闻、任劳任怨的工作态度得到了同事们的认可。年底，国家技监局委托浙江省技监局对该厂的新型燃气计量表进行质量抽检。陈厂长对自己产品充满信心。可没过几天传来出人意料的消息：技监局检测人员发现，原本封存待检的计量表被人换过。精益电器仪表厂认为检测人员在检测过程中作弊，于是技监局不予检测。新型的燃气计量表就这样被列上了技监局的“黑名单”。

为什么调换了表？纳闷的陈厂长怎么也想不出是什么人干的。就在这时，检验员王林“神秘失踪”。几经打探，陈厂长得知，王林原来是外地某家同行电器仪表厂的工作人员。这次“意外”是一次有预谋的商业圈套。

半年后，精益电器仪表厂的新型燃气计量表通过了市技监局的重新检测，且全部全格。但陈厂长觉得这次遭遇“间谍”损失太大，心有余悸。所以，企业搞招聘一定要到正规的人才市场，以免招回个间谍来。

招聘成为当代企业挑选和录用人才的主要活动之一。各种各样的招聘会成为现代人社会生活中的一大亮点和市场上人头攒动的时尚风景。

然而，招聘会不是请客吃饭，而是市场竞争的一个缩影，企业招揽人才的一个竞技场。

企业想着的是得到技能才能优秀、忠诚可靠的应聘者；应聘者想着的是进入能施展才艺、待遇很好又有发展前途的单位。而在日益尖锐复杂的市场竞争中，招聘者不得不考虑会招来心猿意马的员工。

在招聘过程中，招聘人员对于应聘者的情况了解不够，仅凭对方提供的简历、学历复印件以及面谈结果等情况来做决定，因此，在企业中经常发生这样的事情。如应聘者心怀不轨，为了自己的公司发展而潜伏到竞争对手的公司，进而窃取商业机密或者挖其合作客户；或者竞争对手派人伪装成应聘者应聘竞争公司的关键技术岗位，待进入对方公司后窃取技术秘密资料，同时会率先将产品或技术等推入市场，抢占市场份额，造成应聘公司的核心竞争力下降。

有一家电器配件公司曾经出现过很严重的雇佣风险，从那以后公司对雇员调查格外重视。

自 2003 年起，公司开始出现大批固定客源丢失现象，至 2004 年，呈现出愈演愈烈的迹象。现在，公司所有大批固定客户几乎全部流失，给公司带来了巨大的经济损失，公司已经由 2002 年上千万的盈利下降到 2004 年仅有的近百万的盈利，公司高层怀疑此事系公司内部人员所为，只能通过可接触到高端客户的员工进行全面了解，随后进行了排查，目标初步锁定了该公司销售部经理。经过调查发现该员工同时供职于国内另一家电器配件公司，任职运营部总监，但却从不坐班，更是鲜少在该企业露面。而这家国内电子配件公司最大的股东是一位女士，这位女士就是该公司销售部经理的爱人。

但一个人真的有如此大的能量颠覆整个公司吗？在对销售部的其余员工进行了调查之后，揪出了他的两名“助手”，这三个人竟是团伙，在来此公司之前，这两名助手曾先后在另外两家外籍电子配件公司任职，并成功地挖掘了这两家部分客户，但是由于他们手段还很稚嫩，没多久就被那边的老板发现，先后被辞退，接着分别来到这家公司后，继续重拾“吃里扒外”的伎俩。

为了降低因企业人才招聘带来的风险，应对公司的设计工程师、市场销售经理等核心技术岗位和中高层领导岗位以及关键管理和销售岗位的拟录用员工进行雇员调查，对此类人员的最佳调查时间是最后一轮面试之后，即试用期入职之前，将此类高危人员卡在企业门槛之外，从而最大限度地避免企业可能面临的重大损失。如果在正式入职之后或发现问题时再开展雇员调查，无疑只是亡羊补牢，效果会大大降低。

身边的特殊秘书

在企业中，许多文职人员经常接触企业的经理或领导人员，于是，市场间谍就在这些人员中屡见身影。

罗小姐是经理秘书，做事有条不紊，从容不迫，一看就是一个经验丰富的秘书。她是一个活跃在写字楼办公室里的漂亮女人，她的真实身份是商业间谍。像她这样以秘书角色做掩护，但却从事着动辄上千万元的秘密交易，能够在指尖的移动之间就摧毁一个跨国公司的女人，还有很多。她干这一行已经 3 年了。很多人都认为，间谍一般都接受过数年的秘密培训，至少会讲 5 门外语，活动在政府高级部门里面，过着像 007 那样惊心动魄的生活。但是，当她第一次窃取商业情报得手之后，她简直不敢相信，做间谍原来是这么简单。

每天早上到办公室以后，她首先会给经理泡上一杯热茶，然后分捡邮件，把重要的信件送到经理的办公桌上，最后才坐下来打印经理交给她的文件和信函。看见穿着宝蓝色套裙的她款款走到复印机旁边，没有哪个同事会对她此刻的行为产生任何怀疑。但是，也可能就是在接电话和发传真的短短瞬间，罗小姐已经微笑着把价值数万元的公司信息复制到她的软盘上，并若无其事地把软盘装进了自己的口袋里。

在成为商业间谍之前，罗小姐也是一名尽心尽职的普通秘书。一切发生得很偶然。罗小姐当时在一家服装采购公司工作，而她的一个朋友恰好在与她们公司是竞争对手的另一家公司里供职。当罗小姐随便和他聊起自己的工作情况，以及公司的采购和进口计划时，他立即竖起了耳朵。然后，他开玩笑问罗小姐为什么不把这样的话题变成金钱。当时罗小姐并没往心里去。几天以后，他请罗小姐吃午饭，介绍罗小姐认识了他所在公司的高级主管。他们直截了当地问，罗小姐是否愿意向他们提供他们公司的商业情报。当然，罗小姐将为此得到丰厚的报酬。

罗小姐接受了这份新的工作，并很快为之着迷。当罗小姐第一次拿到 6000 元的时候，简直不敢相信自己会有这么好的运气。在办公室同事眼里，罗小姐只不过是一个普通的小秘书，可是他们怎么知道，罗小姐有自己的财路和乐趣。每一次罗小姐只要发现了有价值的重要文件，或者偷听到他们议论的内部消息，罗小姐都高兴得要命，因为这对罗小姐意味着大把的钞票。罗小姐过去听说复印机的辐射对人体有害，她还不愿意总是离复印机太近。现在，如果有资料需要罗小姐复印，她不胜愉快。当然，在偷偷复制和携带资料的时候，罗小姐也会感到非常紧张。

李小姐也是某公司的秘书，同时也是商业密探，工作中挑战和刺激的诱惑压倒了她对危险的担心。过去她是一家油漆公司的仓库管理员，工作枯燥极了。现在她的工作和身份变幻莫测，不要说别人，就是她自己也不知道明天的她又将扮演什么样的角色。每一次她的手机响起来的时候，她都觉得自己心跳加速，热血奔涌。李小姐不断地接受一项又一项的任务，从一家公司到另一家公司，没有人知道李小姐到底是谁，她常常觉得自己就是武侠小说里描写的那些身怀绝技的刀客。

舒小姐是一名老道的商业情报搜集人员。她专门为那些需要在对手公司安插密探的公司工作。不久前她应聘到一家电子公司做市场助理，利用这个合法的身份，她很快就搞到了这家公司主要客户的名单和市场开发计划。通常没有人会注意你在电脑屏幕前都做些什么，即使是那些有电视监控系统的公司。因为按动 COPY 键复制你所需要的东西只需要短短几秒钟的时间，很难将它与正常的电脑操作区别开来。当然，每次她也只有在将复制了重要文件的软盘安全带出办公室之后，才可能真正放松下来。这种紧张刺激使她总是处于很 high 的状态，她喜欢这种状态。何况这份工作带给她的高额报酬，那可是普通人想都不敢想的。

很多雇佣商业间谍的公司都认为，女性是他们的最佳人选。女人天性敏感细腻，善于在蛛丝马迹中嗅出具有内在价值的商业秘密。在这个方面，她们的天赋让男人望尘莫及。例如 1989 年，一个名叫詹妮的 30 岁女秘书在英国被捕，她被指控窃取了她所在的公司价值数千万英镑的商业秘密，并将机密泄露给其竞争对手 NCP 公司。事实上，詹妮正是由 NCP 公司雇佣并精心安插在对手公司里的一名商业间谍。本来，NCP选派的是一名男性间谍，但此人没有能够有效地打入对手公司的管理层。后来他们才通过侦探事务所选定了詹妮。詹妮的表现显然十分出色，很快就在公司做到了总裁秘书。她还给公司的同事留下了很好的印象："那是一个非常可爱的姑娘，对工作充满热情。"詹妮的身份最后被暴露，是因为侦探事务所的一个前任雇员将此事披露给了报界。

所以，一方面，企业为了在激烈的市场竞争中处于不败之地和寻求发展的捷径，要千方百计探知对手的秘密；另一方面，对金钱和刺激的追求，女性并不输给男性，以至近年来女性商业间谍的人数呈快速上升趋势。

间谍门

间谍门是当今任何企业绕不过、躲不开的一道"鬼门关"。

从力拓"间谍门"开始，商业间谍似乎已经不再神秘。

利益收买，窃取文件，跟踪监视，内部安插"卧底人员"……如果你对商业间谍的印象或想象还停留在这种电影式的戏剧化层面，那么当心！随着科技的发展和企业对商业机密防范意识的增强，商业间谍也"与时俱进"，手段不断翻新。

最忠诚的人可能带来最难以置信的背叛，最重要的信息可能是你自己亲口泄露。什么人可能是商业间谍？那些价值高昂的商业机密又是通过怎样隐秘的手段传递出去的？

谍影防不胜防

一天下午3点，广东某软件公司总经理程先生在公司会议室与业务部的人员对马上将要提交的报价单进行了最后一次会议确认。半个小时后，他拿着最后的协议走进了客户的办公室。然而就在这半个小时的时间里，另一家与之竞争此业务的公司已经抢在前面，拿出一模一样的产品解决方案，以低于自己15%的报价抢下了订单。

那一刻，程先生马上意识到，自己遭遇了商业间谍。

回到公司，他马上展开秘密调查。网络泄密先被排除，办公环境没有异常，内部也并没有发现公司有员工与竞争对手或其他可疑人员有接触……泄密的原因不仅没有查出，公司又接连丢了几个客户。长达半年时间里，公司的商业机密是如何在严加防范的情况下依然悄无声息被泄露出去的？

如果不是两个月前的一次意外，程先生也许至今依然无从得知真相。会议室的一块插线板出了故障，更换时无意中发现，表面上毫无异常的插线板内部，竟然隐藏着另一套神秘装置。就是这样一个不起眼的插线板，覆满灰尘静静躺在会议室的角落里，将价值数千万元的商业机密源源不断地送到竞争对手的手里。

这一切是怎样做到的？

原来，插线板内部安装有高灵敏度的拾音器和一套可插普通 SIM 卡的手机通话电路板。当用一般电话拨打这个“手机”号码时，“手机”自动接通，便可以对插线板周围近百平方米的范围内进行监听。

拾音器加上通话电路板，不超过一张银行卡的大小，更精密的甚至只比一张手机 SIM 卡厚上一些，如果把拾音器换成摄像芯片，便具有了拍照与摄像功能，通过 3G 网可以实现远程的视频传播。只要披上不同的外衣，这些设备可以变成插线板，变成时钟，变成烟灰缸，变成花瓶，甚至变成 U 盘、签字笔或一次性打火机，以各种最普通不过的伪装堂而皇之地出现在公司的任何地方。

在当今，各种商业间谍装备令人触目惊心。

某商务调查公司调查员钱先生曾经历这样一起案例：2011 年中，他们受雇于浙江温岭一家化工企业，“调查”当地另一家化工企业的一项新技术工艺流程。“调查”中他们伪装成原料供应商，将一张储存有“原料报价单”的 U 盘提供给该公司。当 U 盘接入对方电脑时，专业的远程监控程序会自动植入，并通过局域网侵入该公司技术部门的电脑系统，接下来只需通过远程计算机，便能轻松获取局域局内电脑上的所有资料。

这样的专业程序，是一般杀毒软件无法发现的。它可以是 U 盘、相机、数字转换器、智能手机等一切可接入电脑的设备，也可通过植入普通的 word、PPT 等文件，以“报价单”、“意向书”、“培训方案”等形式潜入企业的信息核心。

随着企业防范意识的增强，这样的间谍程序万一遇到了装有专业反间谍软件的电脑怎么办?

有一种设备，从外观上看，它是一个普通的U盘，然而当插在电脑上时并不运行，因此不会被系统和反间谍软件发现，通过它，可以记录电脑键盘的所有活动。如果这还不够隐蔽，另一种内置了麦克风的“间谍鼠标”，可以就通过你的电脑，将周围的谈话就源源不断地发送到指定终端。

手机和电脑早已堪称商业机密的“手雷”和“地雷”，而纸制的资料同样不安全。该电子公司负责人向记者展示了一种笔式扫描仪，该设备可以在几秒钟内迅速扫描并储存文件。与摄影、摄像、监听设备一样，这些产品带有各种伪装，甚至可以根据用户需要植入用户提供的普通用品内。

然而再隐蔽而高效的设备都只是工具，只有把它们送到信息源附近，才能得到信息。而这一切，只有通过人来完成。

谍战无间道

随着中国企业普遍开始加强对商业间谍的防范，利益收买、假扮客户、入职卧底甚至美人计等常规的手段早已为企业所熟知和警惕，但是防住这些真的就安全了吗?

能被查到的其实都是并不高明的商业间谍。例如假扮员工入职卧底，刚进公司的一般员工怎么能接触到公司的核心机密？而用钱买信息更是最危险的方式，因为违反《反不正当竞争法》，万一暴露便给人留下了证据。

在某4A广告公司任客户二部经理的杜先生接到竞争对手公司高薪挖角的橄榄枝，对方坦言，看重的是他手中的客户资源。他将这一消息告诉原公司总经理后，公司开出高薪，让杜先生到新公司就职“卧底”。

在原公司的授意之下，杜先生确实把自己之前的几个客户带到了新公司，并且在新公司表现出了出众的业务能力。从业绩上看，新公司从竞争对手处挖到了一个优秀的人才，然而私下里，在重要的项目上，拿着双薪的杜先生不断将新公司的策划方案、项目报价等重要资料传回原公司，使原公司在几个项目的竞争上接连胜出。

事实上，大企业的竞争对手一般是固定的，因此在新的信息竞争中，如果企业要向竞争对手内部安插自己的眼线，一般不会临时就某个项目临时出击，而是在适当的时机派出人员进入对方的公司长期“埋伏”，只在需要时获取重要的技术或市场情报。

企业对“卧底员工”的控制并不困难。自己被公司派去其他企业“卧底”，本身就是违反《反不正当竞争法》的行为，这种“共同违法”形成了一个天然的约束，在一个灰色的边缘地带将双方捆绑在一起。

隐蔽的突破口

与外界想象不同的是，一个优秀的商业间谍绝非只为原企业做事。商业间谍的第一条行动准则就是：“可以不成功，但不能被发现。”在原企业中，他们看起来正是最具能力与忠诚度的员工，甚至会“有选择”地将一些新企业的机密透露给原企业。

然而戏演多了，总会因为入戏太深而多少有些无法自拔。“卧底”的两年时间，杜先生从开始的兴奋与忐忑，逐渐麻木疲倦，甚至开始产生隐隐的负罪感。怀着这样的心理，他在新公司更加努力地工作，在进入新公司一年半之后，被提升为客户副总监。

在新公司的收获越多，杜先生内心的不安与负罪感便越发严重，一旦真相大白，自己拥有的一切都将化为乌有。他唯一能做的，便是用业绩对自己的行为多少做出补偿。于是，越亏欠，越努力，越努力，回报越多，亏欠感也越重。在内心的矛盾中挣扎了半年之后，杜先生终于留下一封辞职信，同时消失在新老东家的视线里，离开的，是那个黑洞般的城市与身份。

为了获取竞争对手的资源，挖对手的员工，反落入对方商业间谍设置的圈套，如果说这样的结局尚有原罪可追问，那么尴尬的是，更“职业”的商业间谍正是把最复杂与脆弱的情感，作为最隐蔽的突破口。

一家高科技生物企业自从成立后，屡次发生产品技术泄密事件，公司多方调查，引入先进的反间谍系统，对公司所有电脑进行24小时监控，也没能防止泄密再次发生。半年前，一项重要专利被泄露，报案后被立案侦查。然而结果令所有人震惊：几年来一直透露公司情报的，正是与董事长一起创业的总经理。这个优秀的职业经理人，正是公司刚成立时竞争对手专门为他们安插过来的“卧底”。几年时间里，他承担着创业的压力与艰难，为公司兢兢业业，直到结果摆在面前，不仅该公司董事长，包括所有员工都无法相信这一事实。

在你最需要的时候，给你最需要的资源，却只是为了在你的基因中埋下一个最危险的DNA。单纯从技术角度，商业间谍窃取企业机密手法永远是简单而枯燥的“寻找信息、发现信息、获取信息”的过程，再先进且隐蔽的设备都可以防范。然而当感情与人性的弱点被利用于其中，一切便失去了规则，成为最复杂而深奥的难题。

间谍收买

在竞争对手内部放置眼线，固然有了稳定的信息来源。然而这种形式的商业间谍活动不可避免地具有一定的局限性。一方面，对于中小企业，很多时候并没有固定的竞争对手；另一方面，企业需要的商业情报千变万化，除了竞争对手的情报以外，还有供应商、客户，甚至政府、银行、投资人等各利益相关方。

有需求的地方，便是职业商业间谍的活动空间，他们是独立于间谍方与被间谍方之外的第三方，仅就某一项目受企业委托为其进行商业信息的搜集。

提及职业间谍，很多人第一想到的是商业调查公司，或所谓的“私家侦探”，然而，这一充满争议的行业，仅是职业商业间谍最公开的“初级形态”。

35岁，MBA，职业经理人，曾担任多家企业包括外企高管，这是自称“商业信息分析师”的王女士公开的履历。一切都是真实的，唯一的问题在于，她进入的这些公司，都是由同一猎头推荐的。

如果没有“深度合作”，很难想象这些为企业提供人才的猎头公司中，有些正是职业商业间谍组织。他们手中的商业间谍，本身是具有优秀能力的职业经理人，在企业中处于能够获得重要信息的岗位，也在就职过的企业留下自己的关系。凭借他们在企业间的流动，这些所谓的“猎头公司”建立起一张庞大的商业间谍关系网和信息网。

自身条件本就堪称优越的职业经理人，为何甘愿成为商业间谍组织手中的棋子？一切或许并非简单地出于利益。

王女士成为一名职业商业间谍不过两年时间。两年前，她正在一家地方企业竞职集团 CFO，正当各种台面上下的竞争进行到白热化阶段时，她签约的那家猎头公司伸出了“援手”，帮助她得到了想要的职位，而条件是让她安排一个公司推荐的人进集团财务部。

直到几个月后公司发生一起泄密事件，王女士才从“猎头公司”得知那个员工其实是一名商业间谍，然而此时，作为推荐人，自己同样已深陷这场“泄密门”。接下来顺理成章地，“猎头公司”以其在行业内的声誉为要挟，再加上不菲的酬劳，王女士开始主动为其提供所需的信息。

商业间谍组织想要培养一名新的职业商业间谍，只需要设计出第一次合作，便凭借手中的“把柄”对其形成天然的控制，而每一次合作，都让这种控制更进一步。

在面具下秘密从事商业间谍活动的绝非只有猎头公司。王女士曾见过一家会务公司在会场安装录音设备，出售公司会议信息；也常接触到有咨询公司、培训公司私下从事商业信息交易。而如果抛开法律与职业道德的约束，律师和注册会计师更是泄露商业机密的高危人群。

为了安全与效率，间谍组织会对被纳入自己情报网的职业商业间谍进行专业的职业化培训和商业竞争情报培训，这使他们的间谍手段不断升级。例如在订单上，他们从不“飞单”，即拿到订单后交给其他公司，但他们会在订单本身做文章，例如在价格、原料、供应商等各环节做手脚，压低企业的利润，帮助其所服务的客户获得利益。

他们的商业能力使他们在情报的获取上比一般的“私人侦探”更有效。“我们可以从公司今天的车辆管理情况推算出公司的出货量，从公司的招聘计划中得知出公司下一步的发展方向，从一个外装的设计追查到公司下一步的产品价格、主要市场……”

他们的信息来源也绝不仅在于企业的内部。原材料供应商、模具制作商、代工（包括元件）生产商、广告商、会务公司、物流公司、律师、会计师甚至新闻记者都可能是企业的泄密者——她甚至见过有同行通过快递员，将监听设备带进了企业的办公室。

即使传统如最常规的角色扮演，在这些高级职业间谍的手中也同样变化多端。例如同样的扮客户，过去的调查人员会只谈生意不成交，而他们可以在所服务的机构的支持下，给对方一个真实的订单，从而取得对方信任，换取需要的信息。最容易取得信任，却最难被揭穿的谎言，是十句话里面有九句是真的。

疯狂的地下世界

真正以职业商业间谍的身份进入这个圈子，面对的便是一个隐藏在商业秩序背后的疯狂世界。

一天，投资人陈女士在阳光下打开一份项目计划书，一个关于移动互联网的应用方案，VC 的职业眼光告诉他，这是一个有可能做大甚至上市的项目。

晚上，她受邀参加一家私人会所举办的“沙龙”，参加者多是企业老板或职业经理人。论坛，酒会，各种休闲娱乐活动，表面上，一切都和普通的高端商务会所毫无二致，只有陈女士知道，这样所谓的商务会所，做的其实正是利用圈子内的关系网获取商业机密的交易。那些阴暗的角落里隐藏的诸多监视监听装置，使这个会场成为一个真正无死角的平台。

会所一间秘密的办公室内，陈女士将上午的项目资料明码标价交给会所老板，如果有人对其有意向，会所会代双方沟通各种细节。

接触到众多公司与商业项目的风险投资、私募股权，正成为商业间谍的新伪装。而围绕着商业间谍活动，甚至还形成了一种地下的商业情报市场。在这种平台上，职业商业间谍甚至可以购买或是出售手中的信息。

尽管商业间谍总是与商业机密联系在一起，然而在获取信息之外，新商业间谍所做的还有更多。

这是一起“非主流”的商业间谍事件：A 与 B 两家公司同为国外某知名品牌的代工商，规模与技术水平类似，毫无秘密可言。为吃下 A 公司手中的订单份额，B 公司派商业间谍进入 A 公司，商业间谍利用 A 公司总经理位置的空缺，在公司的管理层之间挑起矛盾与争端，并在员工中散布企业使用有毒生产材料的流言，在短时间内引起 A 公司几位重要管理人员和大批员工的离职。陷入内部混乱的 A 公司无力按期完成订单，为避免国外客户的巨额赔偿，只得将大部分订单委托 B 公司代工，B 公司从中一举抢得了对手 70% 以上的利润。

这种不以获取信息为目的的商业间谍活动，更令企业防不胜防。除了制造矛盾之外，他们还可以鼓动企业的重要员工“另投明主”，可以帮助供应商从企业获得订单，可以帮企业的客户压低订单价格，可以给企业制造种种意外与混乱，这些意外与混乱，不要以为都来自于企业之外，而越来越多的情况来自企业之内——疯狂的地下活动所为。

商业竞争情报无疑正对企业的经营产生着越来越重要的影响。尽管商业间谍能使企业快速获得效益，尽管越来越高明的商业间谍活动巧妙地游走在法律与道德的缝隙，然而建立在投机之上的利润，究竟有多少生命力？一旦真相大白，带给企业的将是无法挽回的灾难。商业间谍活动后果绝非企业所能承受的风险，正当的竞争情报搜集与灰色的商业间谍活动，也绝不仅是手段上的区别。

浑然不知的圈套

一家公司濒临破产，为了能继续获得银行贷款，它竟长期隐瞒财务状况。它的竞争对手得知这一情报后，欲置其于死地。他们打听到该公司的总会计师需要镶牙，便买通了牙医，在给他装金属牙套时，放进了体积极小的窃听器。从此，这位总会计师无论到何处，其谈话内容均无一遗漏地被对方所窃听。不久，他们便将该公司即将破产的真相公布于众，银行知道后立即拒绝贷款，终于促使这家公司倒闭……

利用法律漏洞获取商业情报

1997年前后，美国明尼苏达州的某食品公司聘用了一家只有一个人的顾问公司，去侦察美国最大的包装食品公司卡夫。卡夫公司当时推出了一种新产品，这种新产品可以使冷冻比萨薄饼发生革命性变化，诞生一种新款“胀皮”比萨。

该食品公司已知道这种新款“胀皮”比萨在制作上的秘招，即将酵母倒进冰皮做原料。并且也准备用这种办法炮制和销售这种款式的“胀皮”比萨。但卡夫公司太强大了。该食品公司知道，要想向它挑战并取得胜利，就必须要知道卡夫公司计划以多快的速度将新款“胀皮”比萨推广到全美，以便及早商定对策。因此它就要知道卡夫公司某个厂的生产能力，尤其要知道该厂内设备的型号、生产线数目、生产薄饼种类和大小，最重要的是，该流水线每日生产多少薄饼。

该食品公司聘请的顾问是美国竞争情报会的会员。

1996年，美国制定《经济间谍法》，旨在对付从美国公司盗窃贸易机密的外国特工。按照有关条例认定，像可口可乐的配方和微软的源密码之类的东西，都是商业秘密。但是像该食品公司需要的工厂的产量等资料却不属于机密，正是这个漏洞，使得该食品公司聘请的顾问可以大展拳脚。

寻找替身的多种面目

这个顾问又聘用了一个合约商巴里去索取资料。巴里是位30刚出头的爱尔兰人，自称是“起底专家”。他曾成功地打入并破获控制在有组织犯罪集团手中的美国赝品分销网络，他还有成功侦破假药和冒牌飞机零件集团的经历。对他来说，搜集企业情报简直是小菜一碟。

巴里首先上网搜索一番，又在附近杂货店买了一张10元钱的电话卡，在美国声邮公司开了一个僵尸户头。

巴里先从政客入手。他先扮成《华尔街日报》的记者，致电苏塞斯商会，结果一分钟后他便得知卡夫公司比萨厂的地址。他又致电该市评税办公室，从一名职员口中得知卡夫一家14万多平方米的工厂正在评税。

巴里知道建厂要先审批，于是又扮成环保分子，致电规划当地工厂建设的消防署和市建检查署。一番口舌之后，终于打动了女秘书，在电话中得知了该厂建设计划的内容。巴里除把电话录音外，还在本子上速记。秘书热情有余，不仅说出附加厂 143900 平方米的数字，还说出设计公司的名字。在巴里的不断提问下，秘书详细说明了新增烘房、仓库和大型冷冻库的具体布局。巴里边听边画出了草图。

为了查出该厂日产多少比萨，巴里先想到从生产每个比萨薄饼必有的圆形的纸托入手。他自称是本地的一间家族经营的纸盒厂，致电该厂的采购部，问是否可为该厂供应纸盒。他从一名女职员的口中套出，工厂每天需要 10 万个纸盒，由规模最大的纸盒公司提供。

一放下电话，巴里装扮成卡夫公司比萨厂采购部的职员，致电供货商的分厂，询问上月发运给卡夫的有多少纸盒和纸托。对方回答的纸盒和纸托的数量远远小于采购部的数字。巴里又把电话打到了卡夫公司该比萨生产厂的货运码头。巴里的沟通技巧运用纯熟，一下子就和那里的管工混熟了，于是他问对方该码头每天卸多少纸盒？他和对方越聊越熟，对方提供的信息也越来越多。他还了解到，该厂在厂内的运送工序，近期便会用塑料代替纸盒。对方还说，大部分冰皮都是在另外一个厂生产的，苏塞斯厂主要制薄饼。最后他得知，自 9 月以来，该厂每天约生产比萨 30 万个。此时，对方仍不知道自己透露的生产数字有多重要，他继续说："包括 12 寸的 JACK 以及 8 寸和 12 寸的 DIGIORNO 共 30 万个。"巴里想要的就是这些数字。

但知道该厂的生产能力还不够，还须探听到全部生产能力将来在某特定时间内可生产多少"胀皮"比萨。这次巴里又冒充写食品生产论文的大学生。他致电该厂生产线的经理，礼貌地请求对方帮助后，单刀直入地说："我已知道贵厂日产比萨 30 万个，你们用多少生产线呢？"

对方告知有 5 条，但每次只开 3 条。只此一句话，巴里便知道了卡夫公司该比萨生产厂的每日最大生产量为 50 万个，而经常性的生产能力只有 6 成。对方继续说，计划推出市场的"胀皮"比萨不全都是 DI-

GIORNO 一个品种，还包括在芝加哥的 NATION PIZZA，让该机构帮忙做另外一种畅销的“胀皮”比萨。

至此，该食品公司的目的全部达到了。原来卡夫公司有两种名称的“胀皮”比萨将推出，计划推进紧锣密鼓，对“胀皮”比萨市场是志在必得。因此，该食品公司相应的对策只能更加积极进取。

该食品公司决定利用这些有效的资料情报，把握机会，发掘潜力去生产和推销。在美国，薄饼销售约为 23 亿美元，利用盗窃所得情报，该食品公司由原来的全美第 6 位，到 1999 年底跃升为第二位。巴里提供的资料最终促成了该食品公司的成功，而所有这些资料情报，巴里只用了一天半时间拨电话，便成功得手。

假如你浑然不知，你就可能损失惨重。竞争情报是企业的最佳警钟。如今的商业界能见度如此之低，假如你缺少竞争情报，必定会碰上麻烦。倘若有竞争情报，即使麻烦即将到来，至少你可以预见。

企业心患

现在，越来越多的企业经营家和管理者最大的心头之患就是潜入企业的信息间谍。

美国加州库比蒂诺规划委员会批准苹果公司在距其总部不远的地方投建一餐厅，以防止员工谈话被窃听。该餐厅占地 21468 平方英尺，苹果员工可在此完全自由地谈论本行业业务。

虽然，在我国不允许任何一家调查公司通过正规注册，从事情报搜集业务。但窃听、跟踪，甚至潜入对方公司卧底……这些在美国商业大片中常见的诡异桥段，正在我们周围上演。同时，随着科技的发展和企业防范意识的加强，这些“传统”的商业间谍手法正在不断更新，进化出的种种手段让人防不胜防。

莫名其妙流失的客户

某知名地产公司开发的楼盘开盘，尽管现场看上去很热闹，但该楼盘开发商却开心不起来。因为该公司发现，之前电话咨询的诸多意向客户，当天竟然都没有出现在开盘现场，而是在其开盘前几天，陆续转向了另一个同一时期开盘的楼盘。

该公司一位曾做过房产策划的高管在那一刻怀疑：可能遭遇了商业间谍。接下来的几天内，该公司经过严密检查，终于在售房部几台客服电话底座上，发现数个1/4火柴盒大小的监听装置。

其实，这位高管以前做房产策划的时候也干过类似的事情，通过情报调查公司，将一些监听装置装入竞争对手公司的办公区内，只要出现在一定范围内的所有声音，均可以采集到。对房地产行业而言，几乎所有公司面临的受众对象都存在重合，只要知道了竞争对手公司意向客户的资料，就可以安排销售人员去单独跟进，抢在对方开盘之前，拿下对方的客户。

正是这样一个不起眼的小装置，将所有通过该电话登记的客户信息，源源不断地输入到对手公司。

间谍的设备技术潜入

除了各种外形的微型摄录设备外，如果有必要，商业间谍还可以派人伪装成客户，潜入对方公司，只要有机会接触对方公司的电脑，几秒钟就能将间谍程序悄无声息地植入到对方公司电脑所在的局域网内，然后通过侵入其技术部门电脑系统，获取想要的情报，这些服务的底价都在1万元以上。

凡是高级一点的间谍程序，都可通过技术手段，将自己伪装成手机或电脑自带的系统程序，绕过手机或电脑的防火墙。要想屏蔽这类间谍软件，企业唯有安装内部和外部两套审计系统。一家约100台电脑的公司，这两套系统的安装费用大约20万元。

对使用硬件设备监听，除了经常检查外，目前根本无法防范。

外围潜伏的信息获取

不过，再隐蔽而高效的设备，只有安装到信息源附近，才能得到信息。同时，监听等设备也不能绝对保障能获取信息，因为不是所有信息对方都会通过嘴巴说出来。那么，商业间谍又会通过怎样的手段来获取信息？

其实，拿到对方客户资料的渠道还有很多，比如直接潜入对方公司窃取情报。

潜伏，一些联邦商务调查公司或商务信息咨询公司等情报公司，均可提供的一项服务。其服务的大概模式是，由情报公司在前期调查的基础上，根据调查企业的实际人才需求，安排合适的商业间谍潜入对方公司，趁机获取情报。因为潜伏耗时较长，且多数时候潜入人选需要“外聘”，所以价格通常在 5 万元以上。不过，雇佣商业间谍的费用，几乎所有情报公司都不会一次性报价，而是将调查过程分解成多个步骤，按步骤收费。

其实，所谓的潜伏在商场上早已不是秘密，通过伪装潜入到竞争对手的公司或经营场所，获取产品、服务、价格、运营等信息，然后有针对性地调整自身的经营。

这样的潜伏多用于同类产品定价这类浅层次、比较外围的信息。因为一个刚刚入职的员工，甚至是一个顾客，不可能接触到公司的核心机密。

赏金猎人潜入核心层

由于短时间的介入根本不可能真正打入公司内部，那么，商业间谍是如何获取涉及企业最核心的商业机密的?

真正高明的商业间谍其实并非来自情报公司，而是来自猎头公司。因为很多猎头公司掌控着企业高层人才输送的通道，只有他们才有条件让间谍打入对方的核心层。

有位宋先生曾经被一家猎头公司找过，希望能凭借他多年的从业经验，到另一家公司长期任职，平常并不需要他做什么，只需要在涉及大型招投标项目的时候，能将相关的资料拿出来，平时哪怕用不到，他也能拿到双薪。宋先生自己从事多年企业人事工作，意识到这样的行为已触犯《反不正当竞争法》，一旦落入其中，很可能被人要挟去做一些更加违背法律和职业道德的事情，所以后来他拒绝了这个“机会”。

内部破坏的隐蔽间谍

事实上，从依赖设备的跟踪，到利用身份的潜伏，当大多数人都将商业间谍的目的归结到情报获取上时，对企业而言，更隐蔽的风险其实来自那些不以获取情报为目的的职业间谍。

一家公司耗费巨大的人力和财力获取到竞争对手公司情报的目的是要打垮竞争对手，而要想达到这个目的，除了获取对方公司的情报外，更直接的方式是在对方公司内部搞破坏。

公仔间谍

市场竞争的加剧，使企业中的品牌成了商业间谍谋求利益的一块肥肉。正当企业自己的品牌产品占据一定市场的时候，已经被别人挂上仿冒的牌子大量上市，这种盗版和仿冒行径主要是企业中的公仔所为。公仔既是企业的产品穿线人员，也是市场盗取情报的私人侦探。

"公仔间谍"，意指专门偷版式设计的商业间谍。渝派服装一生产厂家老板黄先生曾被公仔搞得焦头烂额。

前不久，黄老板让设计师针对当年的流行趋势专门设计了一款女式短裙。新款衣服上市的第二天，他到杭州出差，顺便到当地的服装批发市场了解行情。

就在他愉快地逛着时，一个意外的发现让他的心情一下跌入谷底——原来一直在自己厂里拿货的杭州批发店，当天推出的女式短裙，与自己头天推出的新款一模一样。

几年来，黄老板与这家批发店老板虽然一直有业务往来，但从未见过面。他在店里逛了一圈，对方却一直把他当普通顾客对待。

黄老板想，自己多月没给这家店发过货了，为什么新款才出来，这家店就有卖的了？后来，黄老板想了个招，便以当地服装厂老板的身份，以欲加盟为借口，与该批发店老板套起了近乎。交谈中，他费尽力气才套出实情：这款女式短裙的版式设计，是公仔头天从重庆一家服装厂弄到的。当晚他们加班生产，第二天就挂到了店里。

黄老板在该店细看一番，发现该店许多款式的春装和夏装，与自己厂里生产的服装，除了牌子不一样，其版式设计、布料、色彩等均没有区别。黄老板终于明白，今年以来这家店为什么一直不向自己厂里拿货的原因：有人将自己的新款设计给卖了，有盗版商代替了自己给该店发货。

除了自己生产的服装被盗版，黄老板还发现，凡重庆知名品牌服装厂生产的各种新款式，在当地服装市场，第二天就有仿冒品出现。

进一步深究发现，类似现象在国内许多市场也有发生。

究竟是谁把自己的新款设计卖给盗版商的？黄老板在杭州、武汉调查一番后，回到重庆就开始在自己的服装厂里密查。

调查了几天才搞明白，新款设计被盗版的罪魁祸首是公仔。黄老板把厂里的人在大脑里过了一遍又一遍，最终锁定了一个人：刘某。

接下来，黄老板开始寻找证据。刘某原来一直给杭州那家批发店看货，和他们厂也打了几年交道，不但与自己经常往来，关系融洽，还与厂里的设计师和部分工人成了朋友。

到后来真相大白——从本年起，刘某通过厂里的设计师悄悄搞到了厂里春装、夏装每一次研发的新款，然后及时发到外地的服装盗版商。盗版商收到新款服装版式设计后，当天就会加班加点生产出来，第二天就有样品挂到门店。

让黄老板郁闷的是，尽管证据在手，但为不得罪客户和保全刘某面子，他还没有将事情直接捅穿，只好在砌好防火墙、消灭跑冒滴漏。

“不过防不胜防啊！”黄老板感慨，服装设计不好申请专利，仿冒的技术门槛也很低，人家就算仿冒、盗版了还不好维权。

公仔为什么要把渝派服装的版式设计传给外地盗版商？原来，现在各行各业竞争大，服装行业也一样，仅给别人看货的那点工资，远远不够家里开支。多年摸爬滚打在服装行业，当公仔是形势发展需要，也算是他们从中摸出的一条生财之道。

他们给外地盗版商提供搞来的新款式，作为公仔，每件衣服只能提成2～3元，他们只是赚取其中的一小部分，没有什么值得大惊小怪的。

近几年来，在国内外市场，以公仔身份进行商业间谍活动的现象几乎遍布所有市场行业，尤其是服装行业，因为他们进行的仿冒和盗版，几乎在你豪不察觉的时候，已经将你的产品品牌作为自己的商品出售了。

这些公仔间谍可以分为以下几类。

一是网络间谍。这类人找出渝派服装厂家在网络上的当季服装新款广告，把图片发给外地盗版商，如果对方有意，对方要么以应聘者的身份要求到厂里看环境，巧妙套出新款设计模版；要么以厂里的设计师或工人作为突破口，搞到新款设计。

二是看货间谍。这类人利用外地老板长期聘请其看货，与重庆厂家很熟悉的条件，直接要求到服装厂看生产过程，趁机了解新款设计方案，或重金收买设计人员或工人，得到设计方案。

三是应聘间谍。盗版商给这些人发工资，让他们到相关服装厂应聘设计师或工人，他们每天的任务就是盯着厂里的新款设计，只要发现有新款出来，立即通过各种手段弄到手。

一个公仔一年收入上百万元。一个厂家按一般规模算，一个款式一天生产 500 件衣服，公仔每件提成 2 ~ 3 元，一个款式就能提成 1000 ~ 1500 元，如果一天生产三个款式，就能提成 3000 ~ 4500 元，一个月的提成，就是 10 万元左右，一年上百万是很轻松的事。

这种偷版式的商业间谍，使渝派服装厂防不胜防，几乎失去市场。

间谍“阶梯”

道高一尺，魔高一丈。商业间谍在千方百计的间谍活动中，总是不断变化自己的阴谋手法，以达到其目的。间谍中“阶梯”式手法就是一张密不可宣的谍网。

以美国和英国为首的英语国家在冷战时期秘密建有一个名为“阶梯”的间谍网，它遍布全球的侦听站，可截获电话、电子邮件和传真。“阶梯”由美国和英国于 1947 年组建。这个通讯窃听网络当时的主要目的是对付前苏联。但在 80 年代末东西方“冷战”结束后，美国加强了对“阶梯”网络的控制，将之用来对欧洲乃至全球进行经济情报窃听。

一些间谍机构在全球布下一道无所不在的监视网，不但侵犯数百万世人的人权，也破坏了正常的国际商业活动。

冷战结束后，“阶梯”计划规模大幅膨胀到无法控制的地步，它动用间谍卫星、地面情报站与超级计算机，不但刺探商业机密，也对数以百万计的一般民众的通讯进行监听。

“阶梯”早在1994年就崭露头角了。当时法国的汤姆森无线电报总公司正在和巴西签署一项价值13亿美元的合同，旨在共同在亚马逊热带雨林建立监控系统。美国通过电话窃听发现汤姆森公司在交易中贿赂了巴西政府的官员，并将其公布于众，从而使汤姆森无线电报公司失去了该项合同。

此外，美国政府还利用“阶梯”获取了有关日本汽车废气排放标准的信息，法国于1993年参加关贸总协定时的商业秘密以及1997年召开的亚太经济合作会议的重要信息。此后，只要有重大的商业事件发生，“阶梯”总能获得重要的信息，使美国的企业在与世界上其他企业的竞争中处于有利地位。

2013年斯若登的棱镜事件及其事件的发酵说明了美国政府侵犯全球民众的隐私及其网络自由到了何等地步。

内部泄密

随着企业信息化的发展，信息系统越来越多地使用于日常工作，成为不可或缺的工具和手段。通过企业信息化大大提高了企业生产效率，企业正在利用信息化技术来打破地域之间的阻碍，同时还会产生大量如客户资料、营销方案、财务报表、研发数据等关乎企业核心竞争力的机密资料。然而，信息技术本身的“双刃剑”特性也在广泛应用中不断显现：强大的开放性和互通性催生了商业泄密、网络间谍等众多灰色名词。随之而来的企业信息安全问题，越来越被公司的领导重视，各大公司、中小企业等也纷纷加大了对信息安全体系的建设。然而，例如“华裔工程师大闹Gucci”、震惊全国的“力拓案”等泄密事件层出不穷，让人不禁深深地思索：当我们越发重视信息安全建设，加大信息防护投入的同时，为何泄密事件一个接一个地出现？难道信息泄密真的是防不胜防吗？又或者是我们在信息安全体系建设上出现了没有被注意到的“盲点”？

一名被美国Gucci解雇的华裔网络工程师，因为对公司做法感到不忿，以及想要炫耀自己的才能，多番入侵Gucci的电脑系统，干扰网络的运作，关闭服务器及删除内存资料，使得Gucci的电脑系统瘫痪，网上购物平台也不能运作。他目前被控50项包括入侵电脑、身份盗窃、制造虚假商业记录等罪名，一经定罪，最高可面对15年监禁。

被告甄志隆事发时34岁，原籍台湾，现为美国公民，报称居于新泽西州泽西市。他原是美国Gucci的网络工程师，2010年因为违反公司规定被开除，离职后他多次入侵公司的电脑，最后事发被捕。

在一次甄志隆入侵Gucci网络的行动中，Gucci电脑网络的文件及电邮功能瘫痪将近24小时，大部分文件及电邮亦被删除，Gucci对此进行修复及补救，花费逾20万元。另一次入侵时，甄志隆在网络内逗留了两个多小时，这次他删除多个服务器，关闭一个内存网络，以及把公司的电子邮箱全删掉，结果Gucci的员工无法登入网络，而且不仅是企业的员工，更影响至全国所有商店的经理以及电子商贸部门，对销售造成严重的损失，Gucci的电脑部员工经过紧急抢修，也要到当天晚上才能修复。

据检方资料，甄志隆受聘于Gucci期间以其担任网络工程师之职权，利用虚假的员工资料设立了一个账号，方便自己登入公司的网络。被Gucci解雇后，他多番使用这个虚假账户，利用自己对Gucci网络的熟悉，畅通无阻地入侵Gucci的网络，随心所欲地做出不同的指令。

Gucci公司作为世界知名的大型企业，因为一名被解雇的网络工程师而一片混乱。作为一家知名的创意性公司，Gucci公司必然会非常注意对自己公司内部商业信息的保护，必然采用了众多的手段，防护外部入侵。然而，甄志隆这名普通的网络工程师，仅仅通过职务之便，利用虚假的员工资料设立了一个账号，便做到了畅通无阻地入侵Gucci的网络。虽然，这次的泄露事件并没有带给Gucci公司多么巨大的损失。但是，假如我们进行一次假设，当甄志隆在成功进入Gucci公司网络后，并不是将公司文件删除，而是转移或者拷贝复制，最后通过其他途径将这些信息外泄出去。那么，作为创意性公司的 Gucci，重要的核心资料、设计方案、客户信息的泄露将会给它带来令人无法想象的巨大损失！可以说对一家创意公司而言，创意的丢失就意味着死亡！

这不由引人深思：当我们通过 IDS、UTM、防火墙等防护技术，为企业构建起一个牢固的“外壳”的时候，我们的核心信息就已经安全了吗?

2004 年 5 月，某大型企业研发中心发现某国外竞争对手领先一步完成了产品的设计开发，该研发中心领导一下就懵了。产品的设计开发可是该企业的重大研发项目，该企业想依托 A 产品完成产品线的转换，投入大笔资金到该项目，众多研发人员也付出了艰辛的劳动。企业在项目立项及开发过程中，还从未听说有哪家单位也在进行 A 产品的开发，为什么竞争对手开发速度如此之快?

将情况汇报给企业老总后，老总的第一反应就是内部人员泄密，随即下令该项目所有人员停止开发，迅速离开工作岗位，并向公安部门报案。公安部门技术人员到达现场后，发现该研发中心保密工作存在重大疏漏：设计人员电脑与普通工作人员电脑连在同一个局域网内、计算机端口允许人员将资料随意拷出、设计人员将某些机密文件设成共享、打印资料随意带出、所有电脑都可以上互联网……经过检查，公安部门初步判定为内部人员泄密，但是要查出是谁将资料泄密，难度太大。最终该案不了了之，企业也只能对研发中心领导进行降职处罚，该企业付出的 1000 余万元研发费用、众多研发人员的辛勤劳动全部付诸东流。

所以，我们可以发现，无论是国外的知名企业，还是国内的大型公司，他们都明显地忽略一个问题——来自公司内部的泄露风险。事实上，对于企业来说，它们最关注的不应该是系统有没有遭到了入侵，而应该是在系统中存放的数据和信息有没有被盗取，有没有被篡改，或者说是不是已经被破坏掉了！这才是重点。这句话深刻说明了一件事情，那就是核心数据才是企业最应该关注的地方。所以能够直接接触核心信息的员工，才最有可能给公司带来最大的损害。然而，对于内部员工的管理，因为目前办公均为电子化办公，需要使用到大量电子信息，包括技术资料、客户信息等关键数据，数量庞大，流转速度又非常快，仅仅通过管理手段与规章约束，可以说根本就无法起到实际性的效果。

信息一旦泄露根本无法追查，在实际的诉讼过程中取证也成为最大的问题，因为无法取证，或证据效力不够，导致许多企业只能吃哑巴亏。而且信息的泄露大多数只有在问题出现后才能被发现，许多企业的重要信息早已泄露，但因目前未被公开使用，所以一直未被知悉，一旦使用，势必造成巨大的经济损失，就相当于一个又一个未被察觉的定时炸弹，时刻隐藏在企业的周围。

在企业内部，泄露商业秘密的途径主要有以下几种。

1. 人才流动泄露商业秘密

人才流动是企业内部泄露商业秘密的重要途径。当前社会上发生的商业秘密侵权案，绝大多数都是因为人才流动（或称跳槽）引起的。掌握商业秘密的技术人员或管理人员流向聘用单位，与原企业竞争，构成对原企业商业秘密的侵权。

某市东方化工厂花费 15 万元引进胱胺酸生产技术，产品打入市场后经济效益很好。后来参加试验生产的技术员王先生，在某县办生化厂的利诱下，擅自跳槽到生化厂，他利用自己掌握的产品配方、工艺流程等商业秘密技术，组织生产胱胺酸产品，一次试车成功，节约研制经费，缩短生产周期，并用低于东方化工厂的价格同其竞争，迅速占领市场，使东方化工厂遭受重大经济损失。

2. 兼职工作泄露商业秘密

一些掌握企业商业秘密的干部、工程师、技术人员在外单位兼职工作或从事第二职业，利用自己的一技之长，进行有偿服务，会造成原企业的商业秘密泄露。

某部门的一位高级技术人员，被外国驻京公司高薪聘为顾问和总代表，他利用自己掌握的大量工业技术信息和项目内情，代表外国公司同国内企业谈判，使我方谈判人员处处被动，经济利益遭受很大损失。

3. 为了私利泄露商业秘密

在市场经济大潮中，一些掌握商业秘密的人员，为了个人或子女私利，故意泄露本企业、单位的商业秘密事件屡有发生。

长春汽车研究所助理工程师荣某，在为公司引进 CAD 系统时，为牟取个人私利，多次向外方泄露该公司 CAD 系统的报价底数等商业秘密，使该公司谈判工作处于被动地位。

4. 接待参观泄露商业秘密

有的企业在接待外单位参观时，缺乏警惕性，没有做到内外有别；或急于谈判成功，过份热情接待对方，造成商业秘密被泄露。

某外国客商要到某工厂购买 ×× 型五金工具，谈判之前外方提出参观工艺流程，厂方很热情地接待这个外国客商。在参观中，这个外国客商又是照相又是摄像，还参观了关键技术的生产流水线，这样厂方在外国人面前，将十多年研制出的最新工艺技术全面做了展示，在友好声中泄露了工厂的商业秘密。事后这个外国客商不再买他们厂的产品了，一年以后，厂方才知道这个客商的公司已经生产出和他们厂一模一样的 ××型号五金工具，并抢先申请了专利。

5. 退休职工被另一个单位聘用泄露商业秘密

掌握商业秘密的职工，退休后，被其他企业和单位聘用后，利用自己掌握的技术从中牟取私利。铜仁市化工厂为做好退休人员保护好本厂商业秘密的工作，每年召开一次“人离岗位，心不离岗”座谈会，增强退休职工爱厂意识和保密观念，同时经常看望这些同志关心他们。前任厂长退休后，回老家工作，厂经常派人看望，全家很受感动，当有人聘用他或想了解工厂的商业秘密时，他一一回绝。他说我不能做对不起工厂的事。

6. 企业内部职工保密观念淡薄泄露商业秘密

企业内部职工泄露商业秘密的比例比较大，据美国一些企业调查，泄露企业商业秘密的，30% 是企业的在职员工，28% 是离退休的员工，因此加强企业职工的保密教育是十分必要的。有的职工保密意识不强，过失泄露企业的商业秘密。

某市一毛巾厂生产的毛巾特别白，被外国一家饭店包销，用于一次性餐桌上，不久这家饭店来到毛巾厂考察，一位客人问该厂职工“你们厂生产的毛巾为什么这么白?”这个职工的回答是，因为我们厂用的漂洗水特殊，并让客人带走了一瓶水。一句话无意泄露了工厂的商业秘密，以后这家外国饭店再也不买他们厂的毛巾了。

7. *发表学术论文，做产品介绍，泄露商业秘密*

目前通过写文章宣传报道泄露商业秘密的现象比较严重，每个企业要把好新闻出版保密审查这一关，以防泄露商业秘密。

我国杂交水稻技术研制成功后，社会效益很高，产量每年增长上百亿斤，获国家发明特等奖，一些作者、学者在各种刊物上发表50多篇文章。原来外国某某公司提出愿买我国的杂交水稻技术，当看到这50多篇文章后，他们了解了这项技术，决定不买了。而且因泄露了杂交水稻的技术秘密，我国不能在外国申请专利，使我国遭到重大经济损失。

商业秘密的败诉者

商业秘密是企业的生命线，关系到企业的生存与发展。近年来，由于员工跳槽导致商业秘密外泄的问题时常困扰着企业。

商业秘密的泄露和使用大多是在非常隐秘的环境中进行的，权利人很难对此进行有效举证，所以此类民事案件中，权利人败诉较多。

一家电气公司系专业从事电力安全预警及监控系统和卫星同步时钟产品的研发、生产、集成、销售和技术服务等的高新技术企业。一天，公司市场部负责人发现，公司多年来经营的稳定客户群起了变化，业务量较之前大幅减少。通过调查发现，分走自己长期合作客户业务的是某电子科技有限公司。这家公司的法定代表人姜先生曾是公司员工。

该市场部负责人立刻产生了怀疑：客户群流失会不会跟姜先生离职有关？作为高新技术企业，公司拥有多项自主知识产权，包括专利权、著作权、技术秘密及客户名单经营秘密等。商业秘密事关公司存亡，对此，该电气公司十分重视，经过彻查，真相终于浮出水面。

4年前，姜先生进入该电气公司，负责市场销售工作。公司与姜先生签订劳动合同，期限为三年。姜先生在公司先后担任市场部区域经理、产品经理等高级管理职务，全面负责公司GPS卫星同步时钟产品的生产和销售工作，熟知其全部技术和客户信息。

2年后，姜先生从公司辞职。经查，上述电气公司发现，姜先生背着公司设立了淄博某电子科技有限公司，经营项目为电子产品生产、销售，仪器仪表、计算机软件的开发、销售，自动化控制系统技术服务。利用在上述电气公司期间积累的人脉关系和客户信息，姜先生公司的产品很快就打开了市场。

为保护商业秘密，该电气公司建立了健全的保密制度，对商业秘密指定专人进行管理，并与公司涉密人员签订了保密协议，姜先生就是其中之一。

在与姜先生签订劳动合同时，该电气公司还与其签订了一份保密协议。协议中明确规定：保密事项包括公司内部掌握的合同、客户资料、行销计划、定价政策、协议、意向书及公司承诺有保密义务的第三方商业秘密等；涉密员工不得以任何形式向第三方扩散、泄露、传播、公开、发表、转让、复制、传递或私自摘抄、保存和销毁协议规定的保密事项；在任职期间，不以任何形式从事第二职业或利用公司设备、信息为第三方提供有偿服务。未经公司同意，不在其他经济组织内担任任何职务；自离职之日起，1年或3年内必须保守其在公司知悉的商业秘密。

电气公司以侵犯商业秘密为由，将姜先生诉诸中级法院，经审理，姜先生一审败诉，他对判决不服，提起上诉。

双方争议的焦点问题是：客户信息到底算不算商业秘密？

根据《反不正当竞争法》，商业秘密是指不为公众所知悉、能为权利人带来经济利益、具有实用性并经权利人采取保密措施的技术信息和经营信息。法院审理认为，电气公司请求保护的客户信息属于经营信息。

姜先生认为这些客户信息在网上可以查到，怎么能构成商业秘密呢？而且，这些客户信息在电气公司的宣传彩页上都有。

法院调查发现，宣传彩页上虽有上述电气公司的部分客户名单，但只是客户的名称，并没有其他更为具体的信息，另外，网上关于上述客户的信息也仅表面化。因此，法院对于姜先生的辩解理由不予采信。

客户信息作为商业秘密，不仅包括客户名称，而且还包括客户需求产品品种及规格要求、客户可接受的产品价格、客户的具体地址、客户的负责人、业务经办人、联系电话等深度信息，这些信息对上述电气公司具有商业价值，如果让竞争对手知悉，将损害公司的竞争优势。因此法院认为，电气公司请求保护的客户信息能为其带来经济利益，具有实用性。况且该公司在劳动合同的附件保密协议中明确对其商业秘密采取了保密措施。以上，足以证明电气公司请求保护的客户信息符合商业秘密的构成要件。

近年来，由员工跳槽引发的商业秘密外泄事件频发，而能通过法律渠道挽回损失的企业却少之又少。导致企业维权艰难的主要几个问题亟待解决。

首先，我国缺少权威的商业秘密保护法，相关保护在其他法规中有所涉及，从立法上对商业秘密的保护并不完善。而涉及商业秘密认定及保护的法律法规，对此又规定得较为理论化，实践中出现的商业秘密侵权类型多种多样，立法的相对滞后导致企业在具体案件的维权过程中步履艰难。

其次，商业秘密案件举证是难题。大多数企业在遭遇商业秘密被侵权后，迫于举证难题往往倾向于通过工商查处或者刑事报案的方式维权，试图借助国家公权力来调查取证。但事实上，效果并不好。

企业对商业秘密档案管理不善及保密措施的缺失是导致维权失败的又一重要原因。

作为企业，要重视企业商业秘密档案的管理工作，做到研发资料及时归档、妥善保管，与能够接触到商业秘密的员工签订具体而详细的保密协议，在商业秘密侵权发生时及时寻求专业人士的帮助，将侵权行为造成的损失降到最低，并防止二次泄密的发生。

骗你没商量

任何街头骗子都能够很好地伪装自己，他会让自己在赛马场是一个样子，在当地的酒吧是一个样子，在梦幻旅馆的高消费吧台又是另一个样子。

这对商业间谍而言是一样的。如果要伪装成一家公司的主管、顾问或者销售代表，一套合适的衣服和领带是少不了的，当然，还要有一个昂贵的公文包。在不同的任务中，扮演软件工程师、技术人员或者邮件收发员所穿的衣服或制服都各不相同。

吴先生专门从事盗窃公司机密工作，他觉得这很简单，回报也很高。大部分人不知道他在做什么。通过电话或者互联网和人们聊天，任何时候都不会有人看见他。他从不盲目前进，首先必须制订计划，要一步一步来，了解他们想要什么、需要什么，制订攻击计划，耐心地做自己的功课，了解自己将要扮演的角色，背好台词。

有一次吴先生花了三个星期调查目标，然后与客户商讨了两天怎样介绍“他的”公司和怎样解释两家公司的商业合作联盟。

吴先生还从一家业内杂志搞到该企业的公关公司名称，吴先生说自己很喜欢他们为数控公司提供的服务，想让同一个人负责自己的公司，结果吴先生见到了一位精力充沛的年轻女士，她大概认为她会得到一个新的客户。在一顿丰盛的午餐上，她尽全力让吴先生相信他们非常擅于理解客户的问题并找出正确的公关解决方案。吴先生假装不是很相信，想得到一些详细的资料。在吴先生的提醒下，她把新产品的很多情况和公司的一些问题全都告诉了吴先生，超出了吴先生的预期目标。午餐花了吴先生足足500元，但是吴先生得到了他想要的东西，电话号码、单位头衔和一个关键人物的信任。

吴先生每次为了进入他所要盗窃机密的公司时，都表现出足够的自信和能力，之前他就已经对这家公司的产品和整个行业做了充分的调查。

要得到他需要的信息并不很难。他发现了一个简单的方法可以找出这家公司的CEO外出的时间。要找到足够的工程资料是个小小的挑战，但不是很难，这让他可以了解他们在做什么的“内部消息”。这些信息通常可以从很多地方获得，比如各种各样的服务公司、投资者、风险投资商、他们的银行家和他们的律师事务所。尽管如此，攻击者还是很小心：如果找对了人还好，要是两三次遇到不配合的人，就会有被发觉的危险。这条路充满了危险，所以吴先生都需要谨慎地选择并遵守每条路只走一次的法则。

尽管如此，吴先生还是有被发现的危险——只要一句不慎的回答或者粗心的评论就够了。只有无比自信和狡猾的商业间谍才敢冒这样的险。

图纸的买卖

一套图纸，经讨价还价后要卖49万元，什么图纸这么贵？原来图纸中暗藏着重要的商业秘密！

一家生产冲床的冲床科技有限公司的胡老板经过多年努力，已研发出一套国内领先的冲床技术。小陈是一名来自舟山的小伙子。几年前来到公司后，胡老板看他踏实肯干，不久就将其升为自己的助手。而且，出于信任，还在签订了保密协议的基础上，将冲床技术的部分图纸交给小陈保管。然而，令胡老板没想到的是，小陈加入他的公司，却是另有图谋。本来，对这份图纸，胡老板还是留有一手的，其中核心部分保存在他加密的笔记本电脑内。

年初，小陈就离开了公司。之后不久，胡老板即接到他在金华的同行朋友刘老板的电话，称有人向刘老板的公司发来邮件，表示准备出售与胡老板的冲床科技公司相关的核心资料。惊讶之下，胡老板马上对此事展开了调查，结果发现国内有不少冲床企业都收到了类似的电子邮件。在刘老板的帮助下，经过仔细分析，胡老板推测这名掌握公司商业秘密的神秘人，应该就是小陈！原来，小陈居然找机会把生产冲床机密文件也拷贝了！

胡老板与刘老板商量，准备假意购买，然后将小陈抓个现行。经过电话和网络多次讨价还价后，刘老板与对方以49万元的价格谈妥，双方当即以传真的方式，签订了购买意向书，同时约定某天上午，进行交易。

经检大队王队长接到举报后，认真查看了刘老板与对方签订的交易意向书以及双方网上聊天记录。王队长注意到，对方相当狡猾，把交易地点选在了人来人往的宁波火车东站。为成功抓获对方，经检队进行了认真周密的布置，同时请求经侦大队的民警协助。

在一个周五的上午，王队长与刘老板一起前往火车东站与对方交易。来者果然是小陈。“说好你是一个人来的，怎么来了两个人?”王队长的出现，引起了小陈的警觉。“我是刘总公司的技术人员，你的图纸是不是齐全我要看一下，如果少一张我们就难办了。”王队长解释得天衣无缝。

火车东站没有可以坐下来交易的地方，小陈决定在附近酒店开个房间，而王队长则借口车子没有停好，在停车的间隙给守在巷子里的执法队员打了电话，让他们火速到酒店楼下接应。到了房间，王队长佯装仔细翻看小陈提供的图纸后，借口笔记本电脑的连接线没有带，下楼带领守候在楼下的同事上去一举将小陈抓获。

近年来，虽然不少企业和员工签订了保密协议，但侵犯商业秘密事件仍屡有发生。作为企业，需要记住的是要进一步提高商业秘密保护意识，一旦发现商业秘密遭到他人侵犯，应当立即向工商等有关部门举报，以切实维护自身利益。

侵权之痛

企业独有的工业配方、核心技术、经营信息、工业流程等商业秘密被无端泄露或遭他人盗用，且大多成为了悬案。

商业秘密侵权正成为成长中的中小企业的“毒瘤”，它在侵蚀一个个的企业肌体，从而将企业逼上衰败的绝路。事实上，商业秘密破坏的不仅是企业的免疫系统，还会破坏一个个区域的营商环境。

许多受到商业秘密侵权的企业抱怨：在实践中，司法机关打击商业秘密侵权的意识不强等问题普遍存在，同时出现了举证难、判决难和执行难等三难。商业秘密侵权成了企业的切肤之痛。

有位李女士做外贸已近十个年头了。作为外贸行业千军万马中的一员，这十年中她深切感受到了中小企业的外贸之路真的很艰难，可谓是危机四伏：汇率问题，原材料涨价，出口退税等问题，时间延长，人民币升值，现在又限电。其实这些并不可怕，这么多年真正困惑她的是商业秘密侵权。

外贸企业真正做大的很少，大部分是分枝散叶。因为起点低、门槛低。正因为这样无序的竞争，导致商业秘密的侵犯。这几年，窃取客户资料、转移客户订单（俗称“飞单”）和设计版权，利用企业资源索取回扣或利用企业核心商业机密自立门户等侵犯商业经营秘密的行为，正成为这些外贸企业的“心腹大患”。

李女士和老公一起成立了做国际贸易的一家有限公司，刚开始企业很小，两个人忙不过来。那时，他们白手起家，40 几摄氏度的高温还在外面跑，为了接订单拉业务，经常奔波于各种各样的交易会、工厂和货源地。他们的主营业务是 LED 二极发光管等电子产品，主要出口欧美市场。后来公司慢慢发展到 10 几个人的规模，一年也能做到二三百万美金的销售额。5 年后，公司做到了 1000 万美金的年销售额，发展很快，业务员都忙不过来，每天早上 7 点忙到晚上 11 点。这时企业遇到了发展的瓶颈：缺人。

问题也恰恰在这个时候出来了。公司一个工作了 6 年的员工顾某离职。主要原因是他在处理业务时，发现了公司的核算成本，产生了心理不平衡，认为给他的工资低了，提出要加一倍的薪水。但是李女士认为他的加薪要求是不合理的。顾某在职期间，负责处理和接洽公司原有的 5 个客户，这些客户一直以来向公司采购手电筒、壁橱灯、塑料制品等电子产品。

很多客户都是公司自己一手培育起来的，如果找新人去维护客户，需要花大量的心血，包括客人的喜好、交易习惯、做事方式、订单的索要要求等等，不断地向他们灌输理念，给他们学习、培训的机会。顾某这样一个刚毕业的中专生，到李女士的公司从一个验货员到采购人员再到业务员，她整整培养了 6 年。但是顾某从来没有想到，公司为培育这些客户所付出的代价和心血。

未曾想到的是，顾某在离职后，竟然将公司的客源、取价方式、客源渠道等商业机密全部窃走，并且买通客户的采购人员，以高于李女士公司给的回扣价格，抢走 5 家客户订单，导致这些客户与李女士公司交易大幅下降，近乎陷入停滞。并且还向公司原供货厂家采购货品，导致公司直接损失了100多万美金的销售量。

他还买通了公司内部的三个验货员和跟单员。同时，还把公司的另外一个业务员介绍到公司的竞争对手那里去上班。

后来李女士向公安部门报了案。他又感到心里不平衡，向劳动仲裁部门告李女士，说李女士的公司对他有“同业禁止”的限制。并声称自己没有经济来源，还去办理了失业证。另外，他还去电视台“曝光”李女士。

虽然顾某的侵权事实摆在那里，但是公安机关不给予立案，因为李女士的损失没有达到50万元人民币。

但经历了这件事情，李女士感到商业秘密侵权不应该是“绊脚石”，而要成为“推动力”。同时，李女士也在反思为什么发生这样的事情。如果当初顾某提出薪水不合理时，她能及时处理好就好了，或许就不会发生后来的事情。所以李女士现在招人时，在“德才兼备”上，她更看重的是“德”。关键是如何用好人，只有让员工跟你的理念一致，给他们一个自由发挥自己能力的平台，使他们认同你的理念或者说和你达成共识，而不仅仅是为了一份高薪。

狡诈的境外间谍

市场无边界，间谍也无边界。在商业间谍活动猖獗的今天，境外间谍在我国市场上的阴谋活动日益频繁。

境外跨国公司在华进行商业情报窃取的态势越来越明显，形势越来越严峻。

外国公司在华窃取对象包括我们的战略性先进制造业的机密，也包括一般性产业以及我们传统手工业的技术机密。

而这些间谍行为往往跟有些政府官员、国企高管的腐败牵涉在一起。通常，在华外国公司通过金钱和美色引诱中国官员、企业高管掉入他们事先设下的陷阱。2010年，被捕的原商务部巡视员郭京毅就是典型案例。在商务部条法司任职的郭京毅，在草拟外商并购中国企业的法令时，特意为外商留“后门”，对外资企业斩首并购中国一些行业的龙头企业大开“绿灯”，致使中国经济安全形同“马其诺防线”。在当前中国，像郭京毅这样的人很多，吃了人家的口软，口软就要替人家说话，拿钱了就要替人家消灾。

在西方国家，动用强力部门参与保护商业秘密属于家常便饭，矛头甚至指向其他西方盟国。同时，西方国家也动用强力部门参与到窃取别国的商业秘密中去。其实，早有西方媒体披露说，冷战结束后，西方国家庞大的情报机构裁员减缩，他们的任务也部分地从政治、军事情报领域转向经济领域，以帮助自己的企业在海外扩张。

中国是境外资本必争之地，加之在相关法律法规上尚不完善，让境外机构有机可乘，中国自然容易成为他们从事间谍行为的“乐土”。

关键经济信息的泄露，给我国企业带来的危害是极大的。

某省电力系统一位前官员担任一家跨国公司的驻华代表，他利用早前积累的人脉，获取中国电力系统的重大设备采购招标价格的底限，并悉数泄露给外方，导致中方蒙受巨大损失，涉案金额高达上百亿元人民币。

经济间谍活动让境外企业获得了不公平的竞争优势，损害了中国企业的经济利益，还扰乱了中国经济发展的市场秩序，给我国维护经济安全带来极大隐患。外资企业在中国“攻城掠地”“内外勾结”往往是境外机构屡屡得手的原因之一，中国需严防“内奸”和“外贼”，严堵泄密漏洞。

金钱、名利、色诱多管齐下

在公关手段中，钱、名、利、色无处不在，无所不含。境外利益集团经常聘请一些部门领导与职员做咨询师，或者以课题经费的名义，将钱财赠予有关部委研究机构与学者，通过这样的方式对中国相关部门决策和立法施加影响。

某些国际大公司常年以课题研究名义，向国内某家研究中心提供研究经费，该中心投桃报李，一直为跨国公司在华利益充当“打手”。此外，还有一些司空见惯的手段：安排出国观光、子女境外就读、协助转移资产等。或者以参加国际学术研讨、邀请做访问学者、收录论文进SCI、授予名誉学位或职称等为诱饵，吸引中国官员、学者为其效力。

不过最有效的手段莫过于“美色”。商海中的美女与美男间谍最为抢手，名和利往往很多人还挡得住，但“色”总是无坚不摧。许多人主动寻求这类“糖衣炮弹”，自然而然就把情报“拱手送人”。

科研课题二次倒卖

在高等院校或比较专业的研究领域，二手课题倒卖的现象如今越来越严重。一些自然科学基金、社科基金等重大课题在经过两三年或更长时间的研究周期结项时，国外别有用心的机构就会找上门，很多研究者会觉得何乐而不为呢？他们觉得自己把这个题目给国家了，同样也可以给你，多赚一笔经费嘛，这方面的情报很多是有意倒卖的。

利用掮客“买办”

中国对外开放的进程中，滋生了一大批从事“买办”活动的掮客。这些掮客与境外利益集团形成日趋紧密的“共生”态势，游走于境外利益集团与国内各级政府部门之间，获取超额收益。与境外利益集团结成利益共同体的还有一些公司法人。一些大型中资企业为了自身的短期利益，充当外资的“铺路石”与“敲门砖”。如某些有违常理的合资路线，一开始就体现出外资的独资图谋。由于中方出资人往往缺乏有关经营经验，因此合资公司实际由外资主导。

与地方政府形成共生

在以 GDP 增长作为主要考核政绩的制度安排下，一些地方政府争相招揽外资，过度引进，超前开放，导致日趋严重的“外资崇拜”。如有的地方政府在筛选当地骨干企业的战略投资者时，首先排除的是中资企业，执意将国有股权转让给境外投资者。譬如“两税合一”刚刚提上议事日程，有的地方利益团体和某些外资企业便联合行动，希望影响立法机关的决策，保留外企特殊优惠待遇。获得了地方政府的保护，某些外资企业在搞情报战时也多了份保证。

垄断资本合围圈地

看似友好的中外合资合作形式也成为境外资本在中国圈地的重要手

段。比如，福建南孚公司已成为跨国垄断资本“合谋”的经典案例。1999年，南平市有关部门为改善治理结构而主张引进外资，竭力避免被同行产业资本所并购，外资公司却里应外合，把南孚的情报透露出去。怕什么来什么，以摩根士丹利为首的国际基金在2002年对南孚实现控股后，2003年就转手将所持股份全部卖给了吉列。

利用保密法漏洞

我们对一些“秘密”重视程度不够也常被境外机构利用。中国20年前曾颁布《国家保密法》，但随着我国经济社会的快速发展，特别是信息化的发展和电子政务的建设与应用，现实中出现了一些新情况和新问题。《国家保密法》对“涉密”范围的界定非常模糊而宽泛，另外也没有明文规定各行业中的机密标准。

经济间谍无处不在，但是很多国家却面临将其抓获后，无法可依，不能对其起诉的尴尬局面。2006年，尼康曾发生技术人员把机密零件给俄罗斯方面，进而日本技术被用于军事领域的事件。由于没有相关法规，只能定为盗窃罪，结果是不被起诉，企业为此大为不满。

“美人计”的诱惑

美人计，语出《六韬·文伐》：“养其乱臣以迷之，进美女淫声以惑之。”意思是，对于用军事行动难以征服的敌方，要使用“糖衣炮弹”，先从思想意志上打败敌方的将帅，使其内部丧失战斗力，然后再行攻取。就如正文所说，对兵力强大的敌人，要制服它的将帅；对于足智多谋的将帅，要设法去腐蚀他。将帅斗志衰退，部队肯定士气消沉，就失去了作战能力。利用多种手段，攻其弱点，己方就能顺势保存实力，由弱变强。

现代美人计有强烈的现代色彩，多采用间谍的方式，利用金钱贿赂，利用美人诱惑，方式变化多端，不可丧失警惕。而在项目型销售当中，方案确认是个关键的阶段。为了进行项目采购，客户方的项目采购小组已经制定了采购标准，在客户内部进行采购流程时，客户将对外公开招标，并对供应商进行初步筛选。

我们应该做些什么，才能够加入到客户的内部采购流程中呢？完美的招标方案书是进入的第一步，但要搞定客户，有效的推进项目，“美人计”在这个阶段是个很好的方式。但“美人计”也分好几类，并不是每个“美人计”都必须有莫大的牺牲。

某公司的王先生，他是这家公司的副总经理，负责公司大型项目的招投标，为了洽谈业务，他来到百科公司进行考察。

而百科公司的小蔡是个销售经理，跟进这个项目很久。对于王副总的情况也掌握了很多。自从小蔡跟王副总第二天起，王副总即和小蔡洽谈项目情况的有关事宜。这说明了这次王副总的决心是多么的坚定。经过多次的洽谈，外事经验并不十分丰富的王副总不知道小蔡已逐渐往王副总葫芦里下了浓浓的“迷药”了。

在经过技术交流后的一个晚上，小蔡派人来请王副总赴宴，说是为表示对王副总这几个月来的工作支持而开的，并说要顺便告诉他关于项目的价格问题。为了工作，王副总只好出席了宴会。

在宴会开始之前，小蔡提前来到了酒店。邀请了三位美女一起参加。晚上快七点的时候，王副总开门走了进来。小蔡站起来与他握了握手。王副总看到包房里有三个风情各异的美女，会心地笑了笑。

“王副总，早就想和你出来坐一坐，只是赶着出方案没有时间，今天方案做完了才有时间请，王副总可不要见怪啊。”小蔡说。

“哪里的话，知道蔡经理很忙，是有心请你又怕耽误你做方案”王副总说着端起了酒杯，“我相信，这个项目工作交给你们做，是正确的选择。”说着王副总与大家碰了碰杯，将酒喝了。

“王副总，您看这样行不行，今天，我们不谈工作，好好享受生活，明天上午我去贵公司向您汇报方案。”从王副总的话中可以听出，他今天兴致很高，感觉如果现在谈方案，可能场合不对。王副总：“这样最好”。第二天起来，王副总急急忙忙赶回了公司。小蔡给老板打了电话，说晚点到公司，显然老板对小蔡昨天的做法仍然耿耿于怀，态度冷淡。小蔡没有理会他的感受，就直接去了王副总他们公司。

王副总的心情看起来不错，很客气地让了座，让秘书倒了水并通知公司市场部的成员到公司大会议室开会。看到王副总安排的如此正式，小蔡赶紧给助理小李打了电话，让他带着设计师以最快速度赶到王副总他们公司。

等小李他们赶到已经快 10 点了，市场部的那些人早在大会议室等着了，见王副总亲自陪着小蔡他们进来，那些人都赶忙起身，一向骄傲的市场部于经理还特意过来与小蔡他们握了握手。讲方案前，王副总先表明说自己对方案比较满意，所以方案讲解非常顺利，一向很挑剔的市场部于经理也没有过多挑毛病。小蔡感觉这个项目应该可以到手了。

“如果大家对方案没什么意见，我看就由市场部于经理牵头进行合同洽谈，然后把洽谈结果报我就行了。”王副总看属下对方案没什么意见就当众表达了与小蔡他们合作的意愿。

“你用了什么方法这么快就搞定了王副总?”一出王副总公司的大门，李蓉就问小蔡。

“美人计。”小蔡淡定地说道。回到公司后，老板一脸假笑地迎了上来，和昨天的态度相比简直就是变色龙。小蔡没有说话，只是把昨天的 3 千多块钱的账单拿出来让他签字报销，老板很爽快地答应了，并立即在报销凭证上签上了大名。

无论是军事战场还是经济战场，自古以来不乏施用“美人计”的事例。在春秋时代，吴王夫差好色的事例路人皆知，正是出于吴王好色的特点，范蠡便策划实施了“美人计”。正如当前所说的，美人计的类型分很多，范蠡使用的美人计和小蔡使用的是不一样的。但总的原则都是用美女去勾引对方。

人们常说：英雄难过美人关。又说：自古英雄皆好色，若不好色非英雄。连英雄也被美人攻克，为美人倾倒，可见美色有何等的威力，又是何等地惹人喜爱。于是利用美色来对付他人，谋取利益，或者达成愿望的事，层出不穷，演绎出了种种活泼生动的美人计。

商场上，美人计是常有的事，但是由于商场更为复杂，因此，实施“美人计”的手法更要巧妙。很多人都是利用美人诱惑，方式变化多端，于外交及内政上有极大的差异。可以说，商场上的美人计，大多数都是属于犯法的行为。

企业恐怖

21世纪的市场繁荣给企业带来了前所未有的发展前景，却也给企业带来了新的恐怖——商业间谍的时刻偷窥而导致企业的信息泄露。

对于初创或发展中的企业来说，你可以不重视情报信息保密，但是你的竞争对手不会。

在新世纪，我们该如何做好企业的信息保密工作呢？如何做好企业的反情报泄露工作呢？这无疑是对我们每个企业，对我们的社会提出来的一个严峻的问题。

信息泄露的渠道

企业的信息对于企业发展有时是至关重要的，在激烈竞争的时代，为了能够在市场中站稳脚跟，各大企业使出了浑身解数，从以往单一的价格竞争到现在的信息竞争。如今，企业情报信息泄露的渠道有哪些呢？

从泄露的方式上，有内外两种渠道。一是企业内部人员泄露情报。内部人员泄密分为有意和无意两种。有意就是为了实现某种目的将企业内部信息告知竞争对手。无意主要是由于工作的疏忽或字里行间不小心透露了企业的情报信息；二是企业外部商业间谍。有些企业为了获得对手的第一手资料，纷纷派商业间谍以客户、应聘者等多重身份接近或深入到企业内部搜集商业情报。

情报信息泄露的恐怖点

企业的信息情报被泄露，漏洞是很多的，构成泄露的恐怖点更多的来自董事会现场，竞争对手可以通过会场中的任何一台手机窃听到会议的全部内容，哪怕手机处于关机状态。

▲显示器100米外，对方仍能清楚看到你显示器上的内容。

▲U盘哪怕格式化，数据也能恢复。

▲企业高层的电话被监听，泄露重要信息。

▲企业内网，黑客同样可以窃取重要信息。

高科技企业、医药公司、信息公司等众多企业为了能够保护好企业的情报信息，纷纷成立信息管理部门、情报部门，可这些还是远远不够的。如何搭建起企业的情报信息安全体系，提高从业人员的反情报意识，打造一支高水平的信息保密团队才是至关重要的。21 世纪，高速发展的信息时代，如何做好企业的反情报泄露，对每一个企业来说都任重而道远。

第三章

网上谍影

网络为我们带来新的商业模式、新的生活方式和新的思维，同时，也为我们带来了新的危险，这就是网络间谍。

网络缩短了人们交往的距离，但却使线上窃取商业机密的活动得以进行。

网络谍战

头戴礼帽、架着墨镜、穿着温文尔雅，嘴里叼着烟卷是电影里典型的传统间谍形象。而在现实中，一个个行踪诡异、神秘莫测的网络间谍活跃于各个角落，窃取大量重要的情报。当下，在政治、经济、军事、科技等各个领域发生了无数扑朔迷离、惊心动魄的间谍事件。

间谍活动意义重大，其重要作用历来受到各国重视，有时间谍甚至成了决定战争胜负的关键。而随着时代的发展，不知不觉中我们已经进入了网络时代。与以往传统的间谍相比，网络间谍不再需要化装、格斗训练和复杂装备，也不再需要承受昼伏夜出的风险。一台电脑和一部窃听器，再加上他们鹰隼般的眼光，喷云吐雾间就可以将世界搅和得天翻地覆。

网络发展迅速，网络犯罪随之兴起，而商业间谍活动的舞台也被搬到网络这个虚拟世界。一家汽车制造商悬赏 8 万元征求骇客，只为一睹其对手的新设计。由此可见，线上商业间谍已成为企业经营最大的威胁之一。

网络安全已引起人们广泛关注，电脑骇客破坏美国联邦调查局网站，或侵入西联国际汇款公司网站盗取信用卡，虽然令大众瞩目，但是损害有限，由企业在背后支持的网络间谍活动才是真正令人头痛的问题。连专业人士都承认，这些功力高强的网络间谍很少会被抓到。

美国顾问公司嘉纳集团的分析师马利克，在过去几年接了两宗电子间谍案，其中的一件是两家重工业公司竞标一笔9亿美元的合约，得标者与落选者所开的价格仅有一个百分点的微差距。这并不是运气好坏那么单纯。落选者正巧在竞标期间测试网络监测软体，后来发现有人侵入该公司的电脑网络，并取得竞标策略资讯。马利克指出，虽然缺乏足够的证据打官司，但该公司请求嘉纳的协助，以保日后不会再次发生。

科技的发达，使商业竞争打破地域疆界的限制，但各国不同的法律规范及商业道德标准，却使线上窃取商业机密的活动得以在网上猖獗进行。

中原古都，邙山之阳，一个参与中国海军潜艇科研项目的军工科研所发生了重大泄密事件。多份重要保密资料和文件，甚至一些关键材料的绝密技术资料，都落入境外情报机关之手。谍影重重，黑手何在？安全、保密等部门迅速查清了案情：原来又是境外间谍机构无孔不入的网络窃密攻击。隐藏在伪装外衣下的网络间谍工具寻隙钻入一台违规上网的工作电脑，将其中存储的大量涉及军工项目的文件资料搜出、下载、传回。难以估量的军事情报损失就在看似平常的“小疏忽”中酿成了。

军工科研所网络泄密案的当事人是一名科研人员。在一个中秋节前，他在办公室上网查阅自己的邮箱时，收到了一封“国防科工委办公厅”的中秋贺卡，他没有多想，信手点开，结果一下子就中了网络间谍攻击的招。那封邮件完全是伪造的，捆绑着某境外情报机构特制的间谍程序，一经点击他的工作电脑就被控制了，偏偏他的电脑中还违规存储了大量军工科研项目的资料，结果，连潜艇隐身材料这样的军工技术机密都被间谍程序从网上窃走了。

网络间谍围攻是全方位、全天候的，攻击面极其广泛。无论涉及政治、战略、军事、外交、经济、金融，还是民族、科技、教育、卫生……境外情报部门没有不感兴趣的，网络间谍工具因此也就无不搜寻、无不窃取。

一些学术机构网络泄密比较严重。一些学者参与国家重大课题、重要科研项目，还有一些学者是政府高层决策部门经常咨询的专家，但他们的网络保密意识比较淡薄，不少人图工作方便，很多机密文件都存储在随身携带、常常上网的电脑里，几乎等于向境外情报机关敞开泄密之门。

有一位周先生，他是享受国务院特殊津贴的专家，在能源化工领域中是某地区的学术带头人之一。一次，他的电子信箱中收到了一封新年电子贺卡，乍一看，是他的一位教授朋友所发，但就在他点开这封信的时候，却把自己电脑中涉及22个省的多个重大能源化工项目，特别是新能源项目的详细资料文件拱手送给了藏在这封邮件中的间谍程序。网络安全检测发现，他的电脑已反复被植入了3次间谍程序，仔细一查，那封电子贺卡的发件信箱与他朋友的电子邮箱只有一个字母不同，是境外情报机构的网络攻击者玩弄的一个障眼花招。

成先生是某机关工作人员。前不久，他在网上看到了一则“招聘网络写作人员”的广告，按照所留的电子信箱，成先生发去了一篇领导讲话稿。没几天，署名“夏经理”的人就回信了，说公司的业务主要是编发大陆的新闻，他发去的讲话稿比较对路，希望能再发些材料和他的个人简历过去，好决定能不能建立长期的合作关系。成先生照办了，对方很快通知他可以长期合作，要他提供一个银行卡号以便汇报酬。成先生考虑了一番，回话说自己不想干了。“夏经理”见状赶紧抚慰，接二连三地在网上传话给成先生，开导他网上传输出不了事，报酬相当可观。禁不住“夏经理”的“好言相劝”，依照“夏经理”的点拨，他还购买了扫描仪、照相机，复制了不少红头文件和内部资料传给对方。当银行卡上进账了数千元汇款后东窗事发，成先生被国家安全机关抓获。按照法院判决，他必须服10年有期徒刑。

一家电器厂的章先生、李先生通过拦截总经理余先生的电子邮件，获悉俄罗斯一客户欲与公司进行大宗电器产品贸易的商业秘密，二人经过周密策划，将该商业秘密窃归己有，最终造成了公司10余万美元的经济损失。

2000 年 10 月 28 日，世界各地的媒体曾纷纷刊发一条异常轰动的消息，世界电脑软件业龙头老大美国微软公司的计算机网络系统被一批身份不明的“黑客”入侵，可能该公司最新版本 windows 软件和 office 套装软件的源代码被窃取了。微软公司发言人里克·米勒认为：“这是一起令人遗憾的工业间谍行为，我们将为保护知识产权采取行动。”

这种没有硝烟、悄无声息的网络间谍战令人谈虎色变。因为它虽然不能像寻常的军事间谍那样用刀枪或毒药去夺取对手的性命，却可以在一瞬间卷走或毁掉对手赖以生存的数年积累，使对方的网站陷于瘫痪。利用这种方式，同样可以将对手置于死地。

网上行谍者

现在，在世界范围内，每天都发生着数以万计的计算机网络入侵事件，虽然其中的绝大多数还不能称为“网络间谍入侵”，但是严格地说，所有的网络间谍都是黑客，所有的黑客也都是潜在的网络间谍，他们给企业计算机安全带来了极大的隐患。

网上的行谍者，是以网络为工具，窃取、篡改他人计算机信息，从而获取利益。他们突破计算机网络安全设置，进行非授权访问，给信息安全带来威胁。

网络间谍为何无孔不入?

一是安全性能高，追查技术难度大，不易暴露。

通过计算机网络窃取情报，短时间内不会对计算机造成损害，不会引起当事人注意，甚至追查痕迹也很难获取。因此，网络间谍的辨识度低，暴露的可能性也比传统间谍低很多。

在轰动全球的“美女间谍”案中，美国联邦调查局就声称，间谍嫌疑人与同伴的多种联系方式中，有一种是坐在咖啡店靠窗的座位上，就秘密将情报传给经过附近的一辆小轿车的电脑中，且“这种情报交换至少进行了无数次。”可见网络间谍的做案手法复杂多样且又极具科技含量。

除了用计算机网络窃取情报几乎不留任何痕迹外，这种信息“盗窃”案件也更难被破获。据调查，美国有 1/4 的计算机中心受到过侵害，而被侦破的仅占 1%。

美国国防信息系统局曾经对国防部的计算机系统进行 3.8 万次攻击以测试其防护能力，结果表明，攻击成功率高达 65%，而被系统管理员侦测到的只有 4%，对已发现的攻击上报的只有 27%，对成功攻击做出积极反应的，还不到 1%。

二是工作“效率”高，造成损失大。

网络间谍一旦侵入计算机系统，获得访问特权，就能肆意获取有价值的信息。由于网络间谍隐蔽性高、识别技术门槛高，很多受害者对此毫无知觉，在被侵入后还会继续用已经被侵入的计算机保存机密数据信息，这给企业造成的长久损失是不可估量的。

除此之外，计算机网络间谍由于受空间、时间限制小，工作灵活度高，可以足不出户掌控重要数据，计算机网络间谍可以从世界上任何一个有计算机网络的地方进入对方的计算机网络，这使得网络间谍“作战”迅速、灵活、机动性强。

企业间的“网络间谍战”虽然不会硝烟弥漫，也没有生死赌注，但是这对企业的打击却很可能是致命的。网络间谍不仅可以使企业的网络陷于瘫痪，也可以将企业网络及计算机变为“僵尸”而长久操控，持续不断地获取重要机密商业信息。

特别的“亲近”

在脸谱网（Facebook）上，一位迷人的金发女郎向纽约一家私营公司的财务总监发出了好友请求，这位刚离婚不久的男士迫不及待地接受了请求。网聊了几天之后，这位金发女郎提出要在除夕夜造访他，还有意无意地问起了他几个生意上的问题，如公司的营业收入是多少等。他告诉她，自己无法透露这种信息，但几天之后，随着和她的关系进一步深入，他向这位金发女郎坦承公司的营业收入是650万美元。

这位好奇的金发女郎并不是一位寻找如意郎君的单身女子，而是网络漫步公司（Cyberoam）的安全顾问，生活中的“她”其实是位男士。网络漫步公司位于印度的班加罗尔，他们的研究表明了利用社交网络从事商业间谍活动是多么容易的一件事。在为期 6 个月的时间里，网络漫步公司监测了 20 家公司，通过推特（Twitter）、LinkedIn 和脸谱这样的社交网络来悄悄接触这些公司的员工，以发掘敏感信息的泄露情况。那位口无遮拦的财务总监所任职的纽约公司只是其中之一。网络漫步公司的间谍曾准确地预测一家新加坡公司将会申请破产，就是因为发现该公司员工在闲谈中提到公司采取一系列紧缩措施，而公司主管运营的副总裁又在 LinkedIn 网站上公开求职。企业应提醒员工们在和别人聊起工作的时候，不要聊“今天都做了些什么”这样的具体话题。

在社交网络上监测竞争对手的活动，常常能发现很多有趣的幕后新闻。虽然针对竞争对手制造一份虚假的档案信息往往被认为是不道德甚至可能是违法的行为，但是网络上还有很多其他发掘信息的合法渠道。

许多企业的新员工常常会在 LinkedIn 网页上发现一些很有趣的信息：大学的实习生会谈到他们在暑假实习期间参与研发的产品性能（而这些产品还没对外发布）；美国电话电报公司的一位销售代表夸口自己正在接触公司最大的一家客户，并主动说出这个大客户就是任天堂公司，洽淡的生意是一笔高达 600 万美元的大单。即使一些高层管理人员也会无意间泄露机密。惠普公司负责云服务业务的副总裁麦克莱伦就曾在他的 LinkedIn 空间里谈到惠普公司计划研发云计算平台的信息细节，而当时官方报告对此的描述还十分含糊不清。他还来不及删除自己无意间泄露的信息，就已经被新闻媒体盯上了，公司的竞争对手微软和亚马逊公司最终掌握了真相。

一家软件公司请一个网络间谍搜集其竞争对手公司的情报。他就在一个技术人员云集的问答网站上提了几个问题，还表明了身份，说自己是一位商业竞争情报专员。但让他感到意外的是，最先回应他的人中就有一位是该公司的工程师，这位工程师非常急切地想详谈自己所参与的项目。他想在社交网络上积极表现，想与那个圈子里的人密切接触，却往往很容易忘记他正在求得接触的人却别有用心。

一个网络间谍在脸谱、推特和 LinkedIn 这些社交网络上都开了户，并为自己假造了一份非常诱人的简历：美国麻省理工学院毕业生，并曾在多家情报机构供职。他还以“野女孩儿”为关键词，利用谷歌网站的图片搜索功能，从一家网站上找了几张清纯女孩的照片，号称就是自己。就这样，他与从事情报安全工作的数百位网友都建立了联系。虽然有一些聪明的用户看出这个人的信息是假造的，但他还是从一些大公司获得了面试的机会。

很多最有用的情报来自于对一些看似无害的公开数据所进行的积累和分析。例如查看某公司各个员工在LinkedIn网站上的发言，就可能准确地判断出这家公司的规模，并能根据员工的居住地判断出公司的所在地。招聘员工的模式能够反映出这家公司是在扩张还是在缩减规模，从最新招聘的人员简历也不难看出公司目前的发展方向。现在不用做什么为人所不齿的事，就能很容易地获得很多有用的信息。不论公司喜欢与否，与过去相比，它们变得比以前更加透明。

网上隐情

周小姐是杭州一家公司的员工。一天，她在微博上吐槽说，最近公司安装了一种软件，每个员工电脑在做什么，老板都可以看到，一点隐私都没有。就连自己上个微博发点牢骚，上个QQ说句私房话，都能立马被老板发现。

老板为什么要看员工的电脑？这样做的背后，又隐含着怎样的隐情？

原来，这家公司的老板陈总总是牵挂着自己公司从事外贸出口已经快10年，每年有几千万美元的出口额，而公司四五十名员工，不少是跟随自己多年的老员工。对于在公司电脑上安装监控软件这件事，他也是不得已而为之，当然，陈总的这种做法涉嫌侵犯公民隐私权。

事情起源于半年前。当时，公司一名工作了4年多的业务主管突然离职，不久后，又有几名老业务员陆续离职，之后，就出现了一家新公司，处处与公司压价竞争。很快，陈总的公司因此损失了1/3的销售额。最后一了解，新公司就是离职的那几名员工开的。他们不但带走了公司的客户资源，还回过头来和公司恶意竞争。

让陈总纳闷的是，这几名员工在公司规规矩矩，从来没被发现过有出格的行为。后来，陈总才得知，他们还在公司的时候，就已经通过QQ和邮件，与客户私下结单，所以在公司上班期间，只要他们不说，老板就不知道他们在做什么。

陈总和圈内的朋友谈起自己的遭遇，却发现这样的“网战无间道”不时在身边上演。现在的年轻人脑子活，做几年掌握了资源，就出去自己做了。最方便的就是把公司的资源带出去。

在这个数字化、信息化的时代，1%的利润就可以决定生死的时代，“网络间谍”已经是一个公开的秘密。

有资料显示，很多欧美大公司都曾采取“不光彩”的手段获取竞争对手的机密材料：波音公司两名员工为争取美国空军的一份卫星生产合约，偷取了竞争对手洛克希德·马丁公司的计划书，结果波音在失去合约的同时，也被罚在一段时间内不得竞投空军装备合约。

在网络时代，人们享受着网络的便利，也为网络间谍所累。

现在不少企业通过传真、电子邮件或者其他电子手段传送商业文件，不需数分钟就能传到地球另一端的合作伙伴手上。这一切也为商业间谍们顺手牵羊创造了极大的便利。

许多企业都安装了实时监控软件，这些企业，主要从事科研以及商品销售，研究报告、技术文件以及大客户资料是企业的“生命线”，属于不可外泄的商业机密。

从监控效果来看，这类软件确实能帮助企业在工作时间防控可能发生的泄密情况。陈总使用监控系统以来，自己发现过某些员工有“飞单”和泄密的行为，都及时制止了。

不过，上述这家公司为了不让员工产生情绪，会提前和员工签一份保密协议，声明说员工不能在公司电脑上从事涉及个人隐私的各种事务。

黑客

CSDN. NET 数据库遭窃事件似乎是黑客送给人们的“新年大礼”。一宗号称“最大”的泄密事件波及范围之广，持续时间之长让众多网民和互联网厂商心有余悸。

而在黑客江湖中，CSDN 事件可能只是尘埃，或许，在某个人们目不能及的角落，黑客在冷眼观看我们的一举一动，享受着偷窥的快感。

小黑是一名为了成就感而战的黑客，这类黑客数量可观，或不拘于常理，或爱憎分明，“从不打无痕迹的仗”是小黑的口头禅，一出手必篡改网站页面，可能留下一首小诗，可能留下恶搞漫画，总之，不满得到发泄，技术能力被证明，耀武扬威后便笑傲江湖（微博）。

在黑客小黑的眼中，互联网上的服务器无时无刻不在被攻击，甚至每一秒钟都有网站被黑，“如果网站不注意安全防护，如果服务器存在漏洞，都有可能被黑客无意间入侵”。

显然，这个看似安全的网络并不安全，在没有被挂马和网页被篡改的前提下，可能被黑了都不知道。

不可否认，除了玩票黑客，大量的黑客是趋利性质的，以挂网、挂黑链为主要工作，或者盗取账号密码，“密码本身直接的经济价值不大，但是其附加价值很大，如进入关联账户诈骗，刷支付宝余额，微博粉丝买卖等。”小黑说，可以称之为职业黑客，他们的目的只有钱。

除此之外，还有一部分特殊黑客存在，他们是水平高超的电脑专家，有计划、有目的地为某些人或机构做某些事。

如果从等级角度出发，小黑又将黑客大致分为三个等级：硬件级黑客，通过修改硬件电路，或者结核软件以达到目的；专业程序员，可轻松入侵银行等大型网站，可自己编写软件的黑客，懂得一些计算机常用的网络命令，可以入侵一些有管理权限的电脑；菜鸟级黑客，拿别人做好的“黑客工具”来扫描漏洞，达到入侵的目的。此外，在不同的专注领域，也存在一些专门的黑客。

如此各式各样的黑客构成了这个复杂的“黑色江湖”，他们或因“熟人圈”而聚到一起，或因对某种黑客技术有共同的认识聚到一起，或者有黑色金钱交易聚到一起。可以说，这个所谓的“江湖”并非毫无秩序。

黑客赚钱的方法很多，这一点很容易想到，不然，那些趋利的黑客和组织又如何生存呢？

挂马盗取有价值的东西，如盗游戏虚拟货币、装备和高级的账户等，而后再变卖赚钱；帮有宣传需求的网站挂黑链，如在一些政府部门等权威比较高的网站上加入隐藏链接，以提高搜索引擎的排名；直接攻击与金钱相关的网站，比如侵入支付宝直接刷钱；收取保护费，不给钱就攻击网站，以达到获取金钱的目的等。

然而，作为职业黑客，要是真的想赚到钱，必须合乎规矩地投身这条黑色的全产业链上来。黑客大多为技术人员，很少接触到产业链的金字塔的顶端。站在顶端的人皆为有途径洗黑钱的人，可以获取需求的人。而黑客作为产业链条上的关键一环，也是分工明确，有人黑站，有人写网页木马和游戏木马等，有人负责统计挂马流量，有人负责整理“偷”来的有价值账号等，有人负责洗账号，最终，由顶端的人交易洗黑钱，整个产业链运作清晰且成熟，看起来似乎有规有矩。

而黑客的“黑吃黑”的行为更为险恶，若有人黑了产业链条上的某一环，其一方便可坐收渔翁之利，而另一方则面临灭顶之灾。

看来，黑客本身也面临诸多安全隐患，其中不乏法律层面的问题，如此看来，黑客倒更像刀尖上的舞者，用生命在演绎着暗色的年华。

万能情报网

当传统的商业间谍与现代的互联网结合，专业的情报搜集人员发现，即使坐在办公室，很多公司由于不谨慎而泄露的秘密已经数不胜数。

玛丽·艾伦·莫基是位于弗吉尼亚州瑞斯顿的莫基调查分析合作公司的总裁。她致力钻研深奥的专利竞争情报学科。通过深入钻研专利数据，她的公司帮助客户评估他们在同行中的位置以及发现新技术中的趋势和模式。她曾完成了一项关于除臭剂和止汗药的专利调查。她通过互联网找到2000多项记录，然后用她自己的软件对搜集到的信息进行分割处理。在网上免费获得专利数据对她们来说是个重大变化。但那些都是未经加工的信息。

就像莫基一样，许多竞争情报专业人员通过结合使用免费和有偿服务信息源来获得情报，有时这些服务是由同一网站提供的。很多竞争情报专业人员倾向于使用在线更新服务。

海伦·卡斯勒是马萨诸塞州剑桥市的竞争情报先驱佛路德公司图书馆和信息服务部主任。对她来说，互联网的最大用处，就是通过它寻找公司之间不明显的关系和从这些公司获得零散的信息，并将它用来增加竞争优势。例如，在为一家饮料公司做调查时，她在客户的竞争者之一的一家供货商的网站上，意外地发现一个关于该竞争对手的成功故事。故事甚至还显示了该竞争对手的生产线和纸板包装区。它透露出了对手公司的包装过程，为卡斯勒公司了解它的包装方法提供了重要线索。

求职网站是另一片信息沃土。情报专业人员成功地在这类网站的招聘信息中获得了许多情报。招聘网站不但提供了招聘公司的重要信息块，例如它们需要什么样的人做什么样的项目，而且还提供了应聘者的信息。查询个人简历通常能为了解应聘者以前的雇主曾经做过些什么项目提供线索。简历通常包含公司的客户名单。应聘者为了夸耀自己的背景和成绩，还把具体项目的预算数字包括在内。

当然，互联网在给予竞争情报专业人员很多帮助的同时，也给他们带来了新的挑战。如何分析这些信息涉及把从互联网上搜集到的未加工信息变成可用于决策的情报和知识的过程，只有分析才能将普通上网搜索的网民与专业情报分析员区别开来。业内专业人士认为这是工作中最难的一部分，每个人都能上网，所以竞争情报人员一定要更老练。你不能只把网站重新包装一下了事。

网页——竞争情报的新载体

在传统的竞争情报工作中，人们非常重视对非印刷型信息的搜集。在数字经济时代，网络成为所有信息传递、加工和处理的最好载体。网页是传递、加工和处理信息的主要途径，是传递网上信息的最重要的视频载体。通过搜索各种网页，不难发现非常有价值的竞争情报线索，例如，网上合同的详细资料、设备说明书、新设备、企业间的兼并与联合、市场策略、研究与开发活动、扩张计划、工厂的产量、合作方式、客户名单、技术实施等。另外，专利和商标网站、Usenet 上的讨论组、招聘广告和简历网站、政府网站、公司主页、地方新闻报纸杂志网站以及商贸出版物等都是获取竞争情报的有效途径。以饮料工业为例，将竞争对手的名称与“客户”这个词进行组配，用搜索引擎进行检索发现许多同行公司的网站，其中一个网站提供了有用的竞争情报，该公司网站把自己先进设备作为成功的例子进行宣传，张贴生产线的特写镜头照片。其捧场文章提供了照片、产量、所采用的生产线、纸版包装的制造商以及包装的主流等。

1. 公司主页

上网的公司能否获取点击数量，主页的内容和设计非常重要，它是企业在网上的对外窗口，是企业以文本和图像等形式在因特网上宣传自己的产品和服务的主要阵地。因此，不要忽视最基本的网上竞争情报源——竞争对手的主页。没有什么网页能比一个公司的主页提供更有效和更有价值的竞争情报。公司主页不仅提供新闻和证券交易信息，还有公司总裁的传记、讲话和招聘广告、组织结构图、会议展览和到会的人数等有价值的信息。如果幸运，通过公司的主页还可以获得某公司执行总裁有关华尔街的投资关系分析方面讲话的音频和视频文件。除了公司的主页之外，贸易协会网站的主页提供了有价值的行业信息及企业信息；学会站点的主页则提供学会会员的名单、新闻、出版物分析、统计数据等信息。

2. 主页上的重要链接

在因特网出现之前，信息工作者一般从联机服务检索（商情数据库）获取数据，信息的分配是受控的。这些数据库最重要部分来源于公司的原始信息（公司的主页），比如，准予公开的内部新闻、讲话和年度报告等。从一个公司主页上的对外链接，我们可以了解公司与公司之间的商务关系和潜在的贸易机会。今天，在全球电子商务发展的初级阶段，市场竞争时而出现无序状态：分销商会在网上公开价格表、合资的股东公布合同的详细内容、前雇员在网上公开张贴自己的简历从而把以前公司所从事研究的细节公之于众。所有这些导致了更多的商业秘密通过主页泄露。

商业信息网站

现在，网上出现了一些专门提供商业信息的网站。如http：//www.ceoexpress.com 拥有丰富的商业信息，是一个获取网上商业信息的好向导。该网站对商业信息资源进行了分类和整理，包括新闻、商业和技术杂志、政府站点、国际商务资源和公司研究站点等。而 http：//www.corporateinformation.com 网站主要提供海外商业信息。通过该站点可以链接到全球各地区网站，还可以很容易访问相关站点而得到证券交易信息、公司名录、政府信息等资源。

求职网站。现在，各种各样招聘与求职网站出现了。通过网站招贤纳士几乎被所有的上网公司所采用。分析和研究这些网上招聘广告，我们可以获取许多竞争情报，能了解该公司所使用的技术、策略、研究和开发重点，甚至扩张计划等。从http：//www.monster board.com 网站查找有关信息技术职业的供求信息，可以检索到约 100 个相关的招聘广告，从中可以了解到当时硬件和软件业的动态。大多数的网站都发布招聘信息。通过 http：//www.deja.com 和 http：//new.careerpath.com 也可以得到相同的结果。在检索时，将该公司的名称与工作（job）这个词进行组配后检索。相反，经过对前雇员在网上张贴自己的求职简历的认真分析研究，不难发现此雇员以前受雇公司的研究重心所在以及所使用的技术。同样须将公司的名称与简历这个词组配后检索。

专利和商标网站。据有关调查统计，约有 90% ~95% 的新技术是在专利文献中公布。通过检索竞争对手在某一技术领域申请的专利，并对这些专利及专利文献内容进行深入分析，便能判断出竞争对手的研究与开发方向、经营战略以及产品和技术优势等。http：//www.patents.lbm.com 和 http//www.uspto.gov.com 网站提供专利全文检索以及专利的图片。IBM 公司的网站提供来自欧洲、日本以及世界知识产权局的专利和专利文献。通过欧洲专利局的 http：//www.european - patent - office.org/espacenet/info/access.html 可以获取全球专利文献信息。同样，通过美国专利和商标局网站 http：//www.uspto.gov/web/menu/tm.html 的页面研究竞争对手新的商标信息，可以了解到竞争对手将要生产的产品与提供的服务等竞争情报。

谍中谍

在经典的谍战电影里，我们经常可以看到，为了窃取机密文件，间谍需要先找到负责保险箱钥匙、密码的安全人员，或行刑逼供，或用美人计，运用百般手段获得钥匙、密码、口令、建筑布局图等相关资料，然后在一个月黑风高之夜，全副武装潜伏进入，关闭警报系统，躲过红外扫描，从通风孔悬挂下来，打开计算机，输入密码，放进光盘，拷贝走机密数据。

而今，在网络世界里也上演一出谍中谍大战。

美国航空航天制造商洛克希德·马丁公司，是全球最大的国防工业承包商，也就是熟称的"军火商"。一帮来自网络世界的商业间谍盯上了洛克希德·马丁的未来武器系统开发资料，通过侦察，这些网络商业间谍发现，洛克希德·马丁公司的网络防护体系严密，没有办法在不被察觉的情况下直接入侵。不过，网络商业间谍辨认出洛克希德·马丁采用的是 RSA 的安全防御系统。网络商业间谍决定从获取安全密码入手，就此，网络商业间谍勾结骇客，组织了针对 RSA 的入侵攻击。

2011 年 3 月，骇客巧妙地潜伏进 RSA 系统内部，开始不动声色地挖掘有价值的信息，意图发现 RSA SecurID 双因素认证产品可能存在的缺陷或者盲点，甚至希望能够直接获取与洛克希德·马丁公司相关的 SecurID 信息。就在此时，恰逢 RSA 展开例行的内部安全检测，RSA 发现了其系统的异常状况，顺藤摸瓜，发现并清除了入侵者。

骇客通过本次入侵，没有达成最终目标，但也获得了一些信息，比如部分 SecurID 密匙副本，网络商业间谍与骇客们决定通过复制 SecurID 安全密匙的方式侵入洛克希德·马丁公司网络系统。

2011 年 5 月，间谍发起了对洛克希德·马丁公司网络系统的攻击，通过利用系统漏洞、社会工程学，间谍绕过层层防御系统，取出之前获得的 SecurID 密匙副本小心翼翼地进行尝试。可惜，非但未能成功，还触发了暗藏的警报系统，被洛克希德·马丁公司安全部门侦测到，网络商业间谍与骇客们只得迅速撤离，等待新的入侵时机。

威胁紧逼

构成战场上最大威胁的就是敌对双方的武器装备，构成市场上最大威胁的同样也是竞争双方的“武器装备”。而现在的竞争双方都拥有共同的网络传媒载体，不同的是，这种载体的网络间谍力量谁更强大。

许多企业未能认真地对待网络间谍的威胁，而且为阻挡攻击所做的准备并不足够。网络间谍是企业的主要威胁，但尽管如此，这个威胁仍然被忽视了，从而企业暴露出许多安全漏洞。

企业必须解决网络间谍的威胁，因为这与他们息息相关，也跟国家安全组织有关。网络间谍的目标已经从窃取信用卡和银行账户讯息，升级为锁定企业经营计划和专有讯息。他们想要有价值的讯息，例如产品和技术蓝图，客户数据或任何可以使受害者尴尬窘迫或不利的讯息。

几乎每一个组织都有一旦泄露出去会对其造成伤害的敏感信息；然而，许多组织关心财务数据是否被窃取，却忽视了网络间谍。

有位大酒店的高级副总裁在完整下载客户列表与高级数据库时被抓获，他打算把这一信息带到新的公司，在那里他被任命为 CEO。

这个高级副总裁能被逮住几乎完全是运气不佳。凭借高管身份，他经常能够以需要第三方处理为由而得到大量数据，这通常不会受到怀疑。但是这一次，他并没有通过正常渠道，而是直接找到负责数据库的 IT 员工，并匆忙地要求把“一切数据”提取出来。警觉的数据库管理员把他的可疑行为报告了老板，于是整个计划被揭开。

一个外包项目的电话营销员被抓获使用客户信用卡资料购买电脑设备，供个人使用和转售。当被抓获时，她交出了一张 DVD，那里有公司的整个 SQL 数据库，一共有 200 多万个信用卡号码和完整客户信息。

一位某公司前雇员离职后开办了自己的公司。他在几年前得知 CEO 的密码，而这个密码在几年里从没变过。在每一次竞标中，他都会了解到前雇主的投标，所以总能以微弱的优势压过他们。在间谍案被破获时，公安部门在 CEO 的桌面上发现了一个 GoToMyPC（一种远程桌面控制软件）的快捷图标。

这位 CEO 注意到这个 GoToMyPC 已经很多年了，但他以为是企业的 IT 员工正常安装的。而且，IT 员工们也知道 CEO 安装了它，并且在背地里好几次谈论到。他们对 CEO 这样使用这种非正规的远程访问明目张胆绕过防火墙的滥用权力行为感到如此厌恶！

这听起来或许有些滑稽可笑，但通过这个事件我们可以了解到，在今天忙碌的世界中，这样的事件可能发生在任何一家公司。这个间谍案的结果是使该公司失去了一半以上的合同，并被迫大批裁员。

造成这种败局的原因主要有两方面，首先是企业对 IT 系统的监管力度不够，这导致了企业内部 IT 系统的不可靠性；其次是企业没有比较完善的信息等级保护制度。

一家公司 CEO 是一位研究恶意代码的专家。一天，公司网管员收到 CEO 的邮件，邮件里“CEO”说自己在外面开会，要用 PPT 做演示，但演示文档被他忘在公司的服务器电脑里了，现在他想远程登录公司服务器却进不去。

由于这是一封来自该 CEO 公司邮箱的邮件，而且网管员也知道该 CEO 当天确实要去外面做一个演示，所以就回复 CEO，询问自己需要做什么。其实，这个所谓的“CEO”是一名网络间谍所冒充，而这个网络间谍也确实非常狡猾，他回复该公司网管员，说现在自己是在外面通过 3G 上网，没有固定的 IP 地址，所以需要网管员把公司防火墙的端口全部开放。

这个假“CEO”还告诉网管员自己的密码异常，要求网管员帮助重设密码。网管员在接到公司“CEO”的指示后，重设了 CEO 的密码，还告诉“CEO”公司防火墙的 SSL 端口将在某个时间段里全部开放给他。结果显而易见，假冒的“CEO”利用真正 CEO 的权限，摧毁了该公司服务器里的全部资料。

网络间谍之所以知道该 CEO 的行程，其原因很简单，仅仅是由于这名 CEO 在 Twitter 里写出自己会在某天某时去某地做演示。网络间谍利用了这短短的一条信息，就成功地实施了欺诈入侵行为。而要知道公司网管员是谁就更简单了，在这名 CEO 的 Facebook 上的朋友列表里就能找到。

微博控们只需通过手机、Pad上网，随时随地都可以浏览、留言。世界变得小了，但网络间谍却变得更加灵活狡猾。以前很难获取的信息，在Facebook、Twitter、开心网、微博……里都能很容易地找到，所需要花费的仅仅是一点点时间而已。社交网络、微博正在成为新的泄密途径，甚至连人们手里的智能手机也在不断泄露着你每时每刻的行踪。

企业遭受网络黑客的恶意侵害与破坏事件，在互联网时代越来越频繁地出现。攻击者与企业间大有“军备竞赛”态势，此态势在2013年进一步升级，IT部门与安全专家将需要时时都比黑客罪犯技高一筹，以保护企业不受攻击威胁。从2013年开始，恶意黑客们已经使用顶尖手段，给企业带来最大的网络威胁。

威胁1：社会工程

这一切开始于社会工程——一种无论在实体还是数字世界都久经沙场的“黑帽战术”。在计算机时代来临之前，它就是凭借察言观色偷偷绕过多家公司的防线。如今，社会工程已经开始利用起了包括Facebook和LinkedIn在内的社交网络。

攻击者正扩展社会工程的使用面，不再仅限于致电目标雇员，然后钓出信息。在过去，他们也许会打电话到前台，要求转接到目标雇员，这样从来电显示看就像是一个公司内部电话。然而，如果网络罪犯所寻找的细节信息早已被发布在社交网络之上，那么就不需要以上战术了。毕竟，社交网络就是用来建立与经营人脉的，只需一个令人信服的公司或个人主页，再加之以一个加好友请求，就足以成就一场社会工程骗局。

威胁2：高级持续性威胁

高级持续性威胁不需要每次都将Microsoft Word这样的知名软件作为攻击对象，也可以攻击其他载体，比如嵌入式系统。随着眼下拥有互联网地址协议的设备日益增多，建设安全性系统的需要从未如今天这样迫切。

随着各国政府和其他资金雄厚的机构将网络作为展开间谍活动的场

所，高级持续性威胁将继续存在下去。实际上，APT 此时此刻就在活跃，所以务必警惕你网络信息流通量中的异常现象。

威胁 3：内部威胁

一些最危险的攻击还是来自于内部。在一项由美国国土安全部、卡耐基梅隆大学软件工程研究所的 CERT 内部威胁中心和美国特勤局资助的调查中，研究者发现，在金融行业实施欺诈的内部人士普遍都能逍遥法外，往往需要 1～3 年时间才会被揭穿。俗语说，信任是一种珍贵的商品，但太多的信任也可能让你不堪一击。

威胁 4：翻越防线

企业想方设法以合适的技术与政策组合追赶“设备自带”潮流的同时，他们也将信任问题带到了手机领域。用户正日益将自己的手机当成电脑使，这使他们暴露在原本只有在操作台式机时才面临的网络攻击风险之下。而攻击者也很可能会更加频繁地试图绕过手机供应商用来保卫应用市场而设置的应用审核以及检测机制。这一切都意味着，涌入办公室的 iPhone、谷歌安卓手机等设备正在开启另一个有待把守的黑客入口。想想看，你的智能手机有摄像头，也有麦克风，它可以用来即兴访谈，也可以任意录制。这些功能再加上访问公司网络的权限，一把翻越公司防线的完美活梯就成了。

威胁 5：云安全

目前，还有一种“小”趋势，它的名字就是“云计算”。随着越来越多的企业将更多信息移入公共云服务中，这些服务变成诱人的猎物，可以成功扼住一家公司的咽喉。对企业而言，这意味着在企业与云服务提供商的对话中，一种安全隐患的威胁显而易见。

威胁 6：HTML5

正如云计算的普及改变了攻击面的分布，HTML5 的普及也是如此。在早些时候召开的“黑帽会议”（安全专家通常会从中预测未来可能出现的攻击）上，有人曾指出，HTML5 的跨平台支持与多种技术整合为攻击打开了新的可能性，比如对 Web Worker（HTML5 提供的 javascript 多线程解决方案）功能实施破坏。尽管人们对 HTML5 安全的关注度越来越高，HTML5 的初来乍到意味着开发者在使用时势必会犯错，而攻击者则将趁虚而入。

威胁7：精确定位的恶意软件

网络间谍也会从研究人员在分析他们的恶意软件时所采取的步骤中吸取教训。某演示证明，一种技术可以通过设计恶意软件使分析无效，这种软件的特点就是除了在目标环境中以外，在其他任何环境中都无法被正确执行。此类攻击的例子包括 Flashback 和 Gauss。两者都成功破坏了研究人员实施自动化恶意软件分析的可能性，Gauss 尤甚。新的一年中，攻击者将继续提升这些技巧，使他们的恶意软件更加“专一”，只攻击那些拥有特定配置的电脑。

有一点可以肯定——精确定位势必将通过从社交网络到移动设备到雇员本身的各种载体带来数量庞大的漏洞利用与恶意软件。随着计算机与操作系统安全性的不断提升，网络间谍绕过这些防御措施的“翻墙”技术也会随之提高。所以，企业要把健康安全的网络生态建设提到日程。

第四章

企业情报

任何企业从创业成长到巩固发展，时刻都离不开信息情报。从一定意义上来说，当今的每一个企业，都是一个信息情报站，从这个情报站里，你可以获取其他企业的许多信息情报，其他企业也可以得到你的信息情报，但关键点是——必须依法获取。

情报分析师

为了能在大量枯燥的数据、信息中捕捉到蛛丝马迹，他们不仅需要心细如发，更需要具有克格勃式的职业敏感。这就是情报分析师的工作写照。

为了应对各种紧急情况，情报分析师入行时会接受严格的考验，有时还要经过测谎才能通过。为了能从竞争对手手中套取有用信息，他们的身份尤如变色龙，有的甚至不惜采取各种手段乔装改变。

尽管有时并不固定受雇于哪家公司，但他们的年薪高达数十万；尽管人们出于习惯叫他们商业间谍，但他们更认可情报分析师这个称谓。正是有了这些人，商战中的“无间道”每天都在上演着。竞争情报分析师如何完成“不可能”完成的任务？

削瘦的身材、普通的打扮、一张带着笑的娃娃脸……从外表上看，李先生更像一个刚走出校门的大学生。但他真实的身份却是受雇于一家情报公司的高级情报分析师，公司给他开出的年薪高达 25 万。

几年前，李先生大学毕业，刚刚走出大学校门的他选择在一家贸易公司做文员，月薪 1500 元。在大学里学的是工商管理，为了充实自己，他还选修了计算机专业作为第二学位。

可枯燥的工作很快让他感觉理想和现实相差悬殊，更让他失望的是，自己大学里学的东西一点也派不上用场。每天上班，都是不停地接电话、打印材料，做各种琐碎的事情，这让他感觉厌倦，正常的上班对他来说变成了一种负担。虽然在公司他能出色地完成领导交待的每一个任务，但做这些事却让他特别烦躁。虽然老板对他承诺会把工资涨到3000元，并升他为部门的副主管，但工作不到1年时间，他还是选择了辞职。

此后的李先生就开始奔波于几个人才市场之间，参加了20多场招聘会，却没找到一份理想的工作，生活的压力却接踵而来。他笑着说，当时为了节省开销，天天都啃最便宜的方便面，租房的地方也由单间搬到了插间。

正当生活似乎山穷水尽时，他无意间在一栏招聘广告上看到一家情报公司招聘情报人员的广告。上面写着工商管理及相关专业毕业，有较强的独立搜集信息、研究经济情报能力等要求。吸引李先生的是，这份工作并不一定需要坐班，而且薪水比较丰厚。负责招聘的人告诉他，如果能出色完成每单任务，保底月薪5000元，年底还有丰厚的奖金。

但让李先生想不到的是，这家情报公司的考试几近苛刻，除了要求完成复杂的笔试、面试外，还给他和另外两名通过初试的人安排了一次测谎鉴定。被测谎的时候他心里特别紧张，不知道问的各种问题到底是要做什么，真有一种被审问的感觉，但李先生外表尽量保持镇定。幸运的是李先生通过了这场测试，成为这家情报公司的一名初级情报员。

很多人都认为他们就跟克格勃一样，获取情报都是通过卧底、偷听、偷窥等不正当手段得到的，或者把他们和商业间谍混为一谈，其实根本不是一回事。由于情报行业还是一个新兴行业，外行对此有很多的误解，其实，90%以上的商业情报都是通过公开正常的渠道获得的。

公司经常能接到一些企业委托调查竞争对手商业情报的案例，这时候情报人员不但需要调查出对方的新产品的促销方案和发展计划，还需要对此做出应对的策划方案，这对情报人员的信息分析能力和专业策划能力要求都很高。各种报纸、专业杂志、各部门对外公开的档案、政府出版物、企业名录、产品宣传资料、公开的各种调查报告、招聘广告等都是李先生获取信息的各种来源。甚至报纸的分类广告有时候也能带给他有效的信息，各种招聘广告能提供有关公司所需人员类型的信息，让他从中推断出该公司的技术发展方向。很多人都以为情报人员的工作神秘和充满刺激性，其实他们的工作大多数时候也是很枯燥的，与大量的数字和信息分不开。沈阳到北京、上海、广州这些航班的商务仓，被誉为情报金矿。机上乘客无意的交谈，经常被李先生这样的“有心人”获取，然后被竞争对手公司高价买走。

李先生还会出现在各种产品交易会、新品推介会上。他的身份时而是某公司的业务经理，时而是某知名企业的总经理助理。在佯装洽谈业务的同时，他一直在注意倾听企业代表与客人的谈话。

展览会和各种记者招待会都是最公开的场合，有时候从这些公开场合你能获取最高价值的信息，但这也是最考验你应变能力的地方。有一次他应委托公司要求，混入了竞争对手召开的一个记者发布会，正和对方的公关部经理聊得热乎，套出不少有用信息时，他所冒充的报社另一个记者也来开会了，差点就被对方揭穿。看着那个公关经理质疑的眼神，他连忙故作熟稔地上去拍了那个记者的肩膀，热情地说：“你怎么也来了，领导不是派我来了吗?”还没等对方反应过来，他就装作出去接电话混了过去。

通过会上获得的信息，加上事后所搜集的大量情报，仅此一个单子就让他赚了 3 万元的奖金。竞争情报的价值并不以搜集难度考察，而是根据能给企业经营带来多少效益而定。

在他的“间谍”生涯中，他经常会遇到穿帮的时候，但他都会及时想出各种应对办法，这是一个情报分析师需要具备的基本素质。经过一次次实战后，他发现当时严格的考试确实很有必要，在测谎鉴定中淡定自如的表现是他被录取的主要原因。

越来越多的企业开始重视情报分析师这个岗位的设置，并增设相关部门，一些高校还为此专门开设了情报专业。一些情报专业的毕业生在找工作时却经常为找不到对口的岗位而苦恼，其中不乏一些硕士毕业生，而在获得了这样一个工作职位后，往往由于不适应工作要求而黯然退出。与此形成鲜明对比的是，李先生的薪水却是连年看涨，加上各种奖金每年能拿到差不多30万元的报酬。

竞争情报分析师必须对信息有超强的敏感性，并且能以最快速度做出回应。并不是学历高就能当情报分析师，情报分析师是一种复合型人才，具有专业知识远远不够，需要掌握多种技术手段，能根据市场环境和竞争对手的显性和隐性情况，分析利弊，谋划出适合企业发展的竞争策略。他需要同时具有工商管理、信息管理等方面知识，这样才懂得对情报进行搜集分析，并制定相关策略。这不是单纯地从学校理论知识学来就够了，需要充分的实战经验和不断知识更新。

李先生是幸运的，由于应聘时做的人比较少，所以获得这个职位也比较容易。因为有高薪的诱惑，越来越多的人想加入这一行业，但即使入行想拿到高薪却并不容易。这个行业最需要的能力是能跟各种各样的人员交流，需要具有出众的应变能力，话不对路或纸上谈兵肯定行不通。

现在各种咨询、调查公司鱼龙混杂。有些公司在调查时不乏不光彩的手段，如为客户调查竞争对手的私生活、高薪收买商务楼中的保洁员，搜集对手的“有用废弃物”，甚至还查找对方银行账户上的资金流动情况等，这些都有损整个行业声誉，也让不少人把他们与商业间谍等同，这其实是一种误解。事实上，竞争情报被越来越多企业重视，主要是这些情报能为企业带来不少甜头。据了解，国外企业的竞争情报活动对企业利润增长的贡献率让人羡慕，可口可乐18%、摩托罗拉12%、IBM9%。而情报分析师的作用也越来越大，成为众多企业争相招揽的高级人才。他们的年薪普遍在10万~30万之间，赚得多少全凭贡献大小。而随着情报师的倍增，企业间的“间谍”与“反间谍”战也愈演愈烈。

情报分析师的实质是通过多种途径搜集、分析和利用商业情报，这其中当然也包括对竞争对手商业情报价值程度的评估，这就靠情报分析师去大显身手，将自己的看家本领发挥到极致了。

分析师的保护伞

一个真实的故事告诉企业怎样让情报分析师更好地为本企业服务。

马尾辫，娃娃脸，双肩背包，这样的行头让小纪看上去更像是刚走出大学校门的学生，而不像是一个有着多年工作经历的高级情报分析师，而这恰好正是这个行当的外表写真。

小纪刚刚完成的一个业务是：一家鞋店的老板准备上秋季新品，他非常想知道几家主要竞争对手本年秋天主打产品的款式、档次，同时还要掌握本年度秋季国际市场将会流行的款式和颜色。

无论是哪家商场，在新品刚刚上市的初期，门面档口总是遮掩得严严实实的，门帘上毫不客气地贴着“同行莫入”几个大字，有的甚至还加上一句“莫怪翻脸”。可见同行之间讳莫如深，深怕自己的独家新品被同行偷窥而后跟版。不过，小纪凭着一张学生脸却可以随意出入。有时候她扮成学生，与业主一顿猛聊套取需要的信息；有时候她又扮成外地来上货的客户，刺探雇主所需要的情报。

当小纪把一份翔实的调查分析报告交到自家公司老板手中后，小纪获得的报酬是2万元。这个数额的报酬，在小纪看来只是一个小CASE，有时候公司接到大企业的活，一笔就能赚到十几万。随着行业竞争的加剧，小纪所在的公司业务也就水涨船高，顺理成章地，小纪目前的年薪也达到了30多万。

两年来，小纪的工作越来越忙。企业同质化日趋严重，它们之间的竞争也越来越激烈，小纪经常能接到一些企业委托调查竞争对手商业情报的单子。她曾受命替某大型商场调查另外两家同一区域的商场全年的活动企划方案，尤其这两家商场近年内打算搞一项重要活动，何时搞，以什么形式，会请哪位名人，降价促销活动会到什么程度等等。这些看起来很难全盘到手的资讯，小纪都能有办法搞到，问她怎么弄到手的，她神秘地说:“这是我的商业秘密。”事实上，企业各种内部刊物、各部门对外公开的档案、企业名录、产品宣传资料、公开的各种调查报告、招聘广告等都是小纪获取信息的来源。

这种情报分析师的活动，跟商业间谍不一样，商业间谍获取情报都是通过卧底、偷听、偷窥等不正当手段实现的，他们获取商业信息基本都是通过正规渠道。

抄价员的奇想

有这样一个脍炙人口的商业故事，有两个推销员到非洲去推销鞋子。第一个人到非洲后看到那里的人都不穿鞋，回去后就汇报说鞋子在非洲没有市场；而第二个推销员看到那里的人都不穿鞋，回去后高兴地汇报说非洲鞋子的市场大得很。同样一个客观事实，不同的分析角度就会产生截然不同的结论，这就是竞争情报人才的价值所在。

张先生专为雇佣自己的老板提供商业情报，分析市场价格趋势。他靠出售价格情报，几年之内，由一名贫穷的打工者成为了某部门的领导者。他现在已经成为当地众多商家的“抢手货”。

有一次，张先生逛街听到某鞋店商贩“货比三家，全市最低价……”的吆喝声。当他在鞋店看中了一双价格 30 元的旅游鞋时，老板推销说：“这是全市最低价钱哟!”“你凭什么说这双鞋的价钱是全市最低的呢?”张先生怀疑地问。见顾客质疑，老板顿时拍着胸脯说：“如果你找出比这价钱更低的同样鞋子，我就赔偿你这双鞋子 3 倍售价的钱!”

张先生一听就较了真：“我就不相信，就找不出来比这更低的价!”奔波了一天后，他在一家商场找到了相同质量和品牌的鞋，就兴冲冲地跑到了原来的那家店，要求老板赔偿。可是，当老板确认鞋子相同，向他索要发票时，他却一下子傻眼了。原来，在买到更便宜的鞋子后，张先生一激动竟忘了索要发票。“你连发票都没有，让我相信你说的价是真的?”

一番争执后，老板让了步：“小伙子，这双鞋就算我送你了。不过，我得跟你说清楚，这可不是我赔偿给你的，我这里商品的价格确实是全市最低的，如果不是，那就可能是我们的信息出了问题。”说着，他退还了张先生买鞋的 30 元钱。“怎么，难道你们还有专门搜集信息的人?”张先生感到很吃惊。“这你就不懂了，做我们这行，要随时关注同行的信息，不能有一点马虎，要不然，还怎么做生意?”

张先生许久都没能忘掉老板最后说的那句话。

又有一次，张先生准备买一件羽绒服，就到商场逐一查看衣服的价钱，以便货比三家，选购一件最便宜的衣服。每到一个商场，他就把羽绒服的价格记录下来。正在比较价格的时候，他突然想到了那家鞋店老板说的话：决定全市最低价格的是信息。他想，只要我能把各个鞋子的商品价格都抄写下来，再把信息提供给那个鞋店的老板，也许是条致富之路。

想到这里，张先生当天就找到了那个老板。双方一拍即合，张先生每月给他提供各种鞋子的价格，老板向他支付350元的辛苦费。

张先生与鞋店老板合作得非常愉快，没干多久，他又联系了一家服装店的老板，也如此奔忙，他的月收入就达到了700元，这大大鼓舞了他干这一行的信心。

张先生的“敬业”精神为他在业内赢得了口碑，不到一年，他同时被十几个老板聘用，忙不过来，就请来几个朋友一起做。

随着财富的积累，张先生开始考虑这一职业的未来，尽管人们对此颇有微词，甚至讥讽他的行为是窃取商业秘密，但他认为商品的价格既然是公开的，就不存在侵犯他人商业秘密的问题，何况市场还需要这样的信息服务。

一次偶然的机会，张先生认识了某资本投资公司的李经理，“这样单纯地抄价格不行，你还要学着做价格分析，这样才能长久地赚钱。”李经理的一席话点醒了张先生，于是只有高中文化的张先生开始跟着李经理学习价格分析，没想到他做的第一份价格分析报告就打开了局面。

那是张先生通过两个月的市场调查制作出的一个小食品价格的分析报告，他通过图表的形式，将成都市小食品的价格波动情况清晰地反映出来。随后，他将这份报告寄给了某食品公司，在苦苦等待了3周后，终于等到了回音，该公司老板以3000元的价格买下了这份分析报告，并请他每隔半年做一份价格分析报告。这让张先生欣喜若狂，紧接着，他又连续做出了“纯净水市场报告”和“红酒市场报告”，这两份报告让他在成都一炮打红，客户蜂拥而至。

从法律角度讲，任何一个商家都没有权利阻止任何人来抄商品价签。而且，正确的情报可以避免商家付出高昂的代价。世界很多知名企业都有专门设立的情报部，搜集和储存市场活动中的任何消息，并将获得的情报提供给公司。

情报服务的潜规则

在经济社会中，不乏各种各样的潜规则，市场营销中的商业活动场更是产生和维持潜规则的前沿阵地。

不要以为情报工作中99%的信息是从网上获取，其实最有价值的情报中80%来自人际关系的运作。

陈先生进入一家公司情报部工作，这些年，在和朋友及客户接触的时候，大家都会以为他是商业间谍，大多数人对这个行业还不了解。不少的商业间谍都是原原本本拿到一个东西交给雇主，而陈先生是通过情报分解、交叉认证、比对，通过人脑做分析和判断得出结论，客户看到的是情报对企业带来的机会和预警。

为高层服务，不涉及执行层

在企业的时候，陈先生所在的部门就叫情报部，但更多国企为了避嫌改称信息部或联络部。公司会分配两到三个企业让陈先生长期跟踪。工作流程是每个月月初出差，根据锁定的几个公司，组织人力搜集信息，并立即进行情报分析，月底提交报告，再策划下个月的计划。有的企业会有信息分析师，就将情报交给专管人员处理，有的就是专人专职，长年定向跟踪。但不论何种安排，都要做半年度、年度的情报总结，提交给高层作战略决策支持。

有些企业的情报部门处于可有可无的地位，谁有需求都来找他们，甚至一个销售人员也可以提需求，然后情报部门就提供一些网上整理的资料。这是没有定位好，情报部服务的就是高层，不应该涉及执行层。

主要业务是与人打交道

网上的公开资料，大多情况只能作为情报课题的导入背景，真正要获得有价值的情报还是要通过人的谋略，通过各种人际关系获取，有价值的信息80%以上都是通过人际关系获得。当然，陈先生是通过各种交叉渠道来获得结果，所以人际面是比较宽的。

小成本不可能获得大情报

竞争情报是上世纪80年代末90年代初开始从日美引进我国，2000年开始兴起，随后迅速普及，并形成潮流。1998～2000年，人们对竞争情报的认识有很大误区。当时百度的一个很大的竞争情报部门，包括慧聪，把情报软件叫得很响。很多客户以为买一套软件就能搞定一切，其实还是要靠人来维护。2004～2007年，当时很多企业对情报的需求很大，但又不知道怎么做，就委托给一些市场调研公司，但这些公司主要是做一些结构化的定量分析，而情报往往是需要通过非结构化的分析。

陈先生现在遇到的最大问题就是，一些客户获取情报的愿望非常强，指向性也很明确。事实上，情报人员不可能直接把某个公司的某个资料给你，这是商业间谍行为，必须顾及法律。

很多企业对情报投入产出的理解会有偏差，不少企业甚至担忧情报容易上当受骗。小的情报公司收费很低，为企业提供情报一般是要首付50%～60%的费用，情报提交给所需求的公司后，公司要等待一定时间才肯决定支付剩余费用。小的情报公司收了首付后就随便给你搞个“情报”，也没有下文，剩下的它也不要了，很多客户吃了闷亏。

行业容易越界

竞争情报是一个系统的概念，从情报的指向、搜集和甄别到利用或处理有一整套的流程和考核制度。当把一个大的情报分解为N个小情报，然后由不同的调查员去做调查，这些调查员之间是没有联系的，只做自己的业务，最后再进行交叉分析和总结提交。由于每次信息要归档加密，所以很少有人能够掌握所有细节，只有到高层才会了解得比较全面，这种项目分解是这个行业比较惯常的做法。

这个行业很容易越界，从业人员须严格恪守职业道德规范。

如果在某个行业有了一个客户，就绝对不会做第二个，这是一个行业基本的潜规则，否则就乱了。而且，做情报服务工作，一定要和客户绑定一起来做，一般都要签订保密协定，并达成利益共享原则。

多年来，陈先生作为一个情报工作从业者，感觉最大的工作难点就是情报资源的组织，在尽可能短的时间内掌握行业的基本背景和发展脉络，在最短的时间内找到与这个行业或企业有利害关系的情报员或其他人员，然后开始运作。情报不是短期的事，它具有持续性，要长期跟进。要胆大心细，有很多阻力和困难，要通过谋略和方法来完成。陈先生很少和朋友家人谈论具体的工作，要学会默默无闻。

情报价值

市场的产品销售价值莫过于情报价值——这在当今市场尤其如此。

2011 年，情报领域发生了两件很有警示意义的大事。一是叙利亚等非洲国家发生动乱，中国被迫撤侨，中资企业损失惨重；二是美国海豹突击队神不知鬼不觉潜入巴基斯坦，干净利落地击毙本 · 拉登。前者引发“没有炮舰护航撑腰，中资企业保护巨大的海外利益亟须竞争情报”的强烈诉求，后者则充分展示了情报的威力和无可替代的战略价值。

“信息”和“情报”区别

“二战”前，情报主要指军事和国家安全领域的活动。“二战”后，延续了数千年之久的情报活动，被分成两个并行发展的体系，一类仍然是军事和国家安全领域的情报体系；另一类是 20 世纪 60 年代发展起来的，主要是经济、科技、社会领域的情报体系。“情报”经过数十年的变迁，特别是经过 20 世纪 90 年代大范围的“情报”改“信息”运动，“情报”的表征性功能日益弱化，“情报”与“信息”的分野日益模糊，至今让很多人一头雾水。

当然，“信息”是形成“情报”的原料，是情报工作不可或缺的基础。因此，竞争情报是在道德法律允许范围内开展的，关于竞争对手、竞争环境、竞争策略的信息和研究。竞争情报既是一种过程，也是一种产品。

竞争情报的力量

红顶商人胡雪岩是商界奇才，头脑灵活，胆大心细，善于捕捉商机。他白手起家，短短十几年迅速发达，成为商界巨贾，并有强大的政治靠山，似乎其商界巨头的地位无可撼动。但另一位商界英豪盛宣怀登场挑战了。胡雪岩和看似与自己远不在一个力量级的盛宣怀过招，结果是以胡雪岩惨败身死告终。盛宣怀之所以能够斗垮胡雪岩，一个重要原因是做足了竞争情报功夫，对胡雪岩的业务运转全过程、各个环节点的衔接、致命的风险了然于心。此外，当时刚刚兴起的电报业务牢牢掌握在盛宣怀手里。依靠强大的竞争情报系统和过人的谋略，盛宣怀找准了胡雪岩的命门，给了胡雪岩致命一击，使胡雪岩的商业帝国轰然垮塌。

误把“信息”当“情报”

1998年，我国经济增长减速，内需不振，钢铁建材类价格持续下滑。1998年底，中央召开专门会议研究对策。中央财政决定增投1000亿元国债用于基础设施建设，拉动内需。此外，全国专门召开了冶金会议，决定采取限产保价等调控措施。

有两家经营钢材的企业，一家为国有企业，另一家为民营企业。两家企业毗邻，两家老板关系不错，都喜欢看报纸。国企老板和民企老板看到报纸上的相关报道之后喜上眉梢，大批购进钢材，准备钢材价格上涨后好好赚一把。只是民营企业老板胆子更大些，购进的钢材更多。

购进以后，国企老板和民企老板每天都眼巴巴盼着钢材涨价，不料钢材价格反而两次降价：常用螺纹钢每吨先降价80元，后又再降价60元。结果是，国企老板亏损25万元，民营企业老板亏损100万元。

其实钢材价格不升反降的原因并不难分析出来：一是社会需求不

振，民间对投资缺乏积极性，光是中央政府的投资决定对经济的拉动是有限的；二是拉动措施具有时滞性，难以立竿见影；三是虽然制定了大的方针，但限产保价措施缺乏有效性；四是进口在持续增加，降价势必还将持续一段时间。

两家企业的老板不了解“信息”与“情报”的区别，没有对信息加以分析就贸然采取行动，失算赔钱是再正常不过的事情。

构建一流的企业竞争情报系统

郭台铭旗下的富士康成为全球代工之王，一个不可或缺的关键因素是拥有一个堪称世界领先的企业竞争情报系统。其核心部分是一个在企业内部被称为“知识资产管理与分析”的专利管理系统，由公司法务部具体负责日常运作，直接对郭台铭本人负责。

富士康高度重视技术研发和技术竞争，仅在一个小小的连接器领域，富士康申请的专利就达到了近 8000 项。富士康在竞争对手一个又一个的专利侵权指控中成长壮大，向原告学习，花费巨资购买相关专利，并进行详尽的分析研究。公司的法务部员工分布在全球各地，规模超过 500 人，囊括了不同国籍、肤色和面孔的员工，就像一个小联合国。公司的知识资产管理与分析系统是基于互联网的。法务部员工可在世界上任何地方进入系统，交换与企业有关的技术研发和专利动态信息，经过研判产生非常有价值的情报。依靠公司的知识资产管理与分析系统 ，通过连续多年的持之以恒，法务部可以全面监控全球业界技术研发进展、竞争对手的一举一动，可以在应对专利指控中见招拆招，更可以主动进攻，发现侵犯自己专利权的，立即诉诸法律，索取高额赔款，使竞争对手在技术竞争中只有招架之功，没有还手之力。

从竞争情报专业角度看，知识资产管理与分析系统是一个典型的聚焦技术竞争战略决策需要的技术竞争情报系统。当过兵的郭台铭深知竞争情报的重要性，从技术竞争情报系统做起，构建了世界一流的企业竞争情报系统。凭借强大的竞争情报支撑，加之过人的竞争谋略，郭台铭的企业不断创造商界神话，成为全球代工之王。

情报高手

只有具备高超情报运用和处置能力的企业，才能在复杂多变的经营环境下进行正确的战略决策，并一定是未来的赢家。

二战后，特别是20世纪60年代开始，经济竞争成为国家和地区之间竞争的主要领域。世界经济格局发生重大变革，石油危机、新技术革命、新兴工业化国家崛起、竞争对手迅速增加、经济全球化、贸易保护日益严重、社会价值观不断变革等企业外部经营环境的剧变，导致产业结构、产品结构随之骤变，企业原有管理思想和管理方式难以为继。在新的经营环境下，旨在提高企业外部环境适应性的战略管理思想应运而生。而以企业外部竞争环境信息和竞争对手监测、分析为主要内容的竞争情报随之浮出水面。

海尔：技术与市场并重

海尔早期的竞争情报工作从手工卡片时代开始。1988年海尔就建立了简便易查、全面实用的检索专利卡片系统，该系统搜集了自1974年至1986年世界25个主要工业国家有关冰箱的1.4万条专利文献题录。1990年，海尔订购了三种中国专利公报和制冷领域的专利说明书。1995年，海尔建立了中国家电行业专利信息库，定期提供最新的专利信息，跟踪研究发达国家和国内同行的技术水平、发展状况和市场需求，紧紧抓住了进入欧美市场的销售时机和销售方式，迅速地拓宽了国外市场。

专利情报如何增强产品和技术研发能力？海尔的秘诀是重视专利情报分析。

海尔对已有产品项目进行国内外技术动态信息监控，从相关专利和技术领域对国内外目标公司从不同角度进行专利跟踪，形成强大的综合专利情报资料库，做到随查随用。海尔的专利情报分析报告在产品创新决策中起着决定性作用。在对某个技术领域有一个基本认识后，科研人员利用专利情报分析，进一步评估技术热点和前景，寻找某些领域内的技术空隙，并在研发项目的实施中进行技术创新和回避设计，通过专利组合分析方法辅助确定研发方向。专利组合分析方法有助于企业确立专利技术所处技术生命周期的具体阶段，以及是否有继续大规模投入开发的价值。

海尔情报系统的一大特点是技术情报与市场情报并重。

市场是创新的起点——这是海尔发展的核心理念。这一理念明确了竞争情报工作的方向，专利情报不能只追求技术，更要为市场服务。因此，专利技术的发展方向与市场结合成为海尔创新的核心动力。正是基于大量对专利和市场情报的分析，海尔开发出了适合美国大学宿舍使用的冰箱、可以清洗农作物根茎的洗衣机、韩式双动力洗衣机、酒柜、便携式洗衣机和可当工作台的洗碗机等产品。

海尔中央研究院是最重要的情报中心。伴随着海尔的国际化战略，公司在洛杉矶、东京、悉尼、里昂和香港都设立信息站，及时搜集国内外的科技和市场情报，监测竞争对手的发展趋势和变化。海尔中央研究院的核心工作包括：动态跟踪、采集、分析全球经济、市场和技术动态，为集团决策提供依据；为集团在全球制造、采购和服务部门提供研发能力和技术支持；整合全球科技资源，实现超前技术项目的商品化，为公司国际化发展提供源源不断的技术支持。

同时，海尔还在国内构建了深入到县级市场的情报网络。情报站点将搜集到的国内外市场需求和情报快速反馈到总部，技术转化部负责对专利情报的分析，并快速将情报分析结果以专项报告、情报课题的形式呈送给高层管理者，同时反馈给彩电和冰箱事业部负责人，中层管理者也能收到行业内最新信息和重要的情报分析。海尔竞争情报工作以情报分析和情报分享为重点，大大提升了情报价值的利用。

此外，海尔还与国际知名企业进行合作，通过双方技术优势获得一种“增值效应”。海尔已与多个企业建立了不同的技术联盟，如从日本引进三菱重工空调技术，从意大利梅洛尼公司引进滚筒洗衣机技术。海尔与国内外知名企业以项目牵头的形式成立了若干研究中心进行联合研究，这些对海尔的情报网络都是难得的延伸机会。

华为：专利为核心，注重反情报

华为的情报工作以搜集国际竞争对手和领先企业的最佳实践，以及国际领先的管理方法和专利技术为主。早年资金短缺时，华为采纳“压强原则”，对核心技术和专利研发进行重点投入，目的是在局部核心技术领域有重点突破。在专利技术情报搜集、分析和专利保护上，华为形成了一整套的方案和情报体系。具体包括：（1）情报搜集与研发定位，华为运用定量、定性分析方法，结合国际竞争需要和企业需求及能力，将专利文献中的技术内容、人（专利申请人、发明人）、时间（专利申请时间、专利公告日）和地点（受理局、指定国、同族专利项）进行系统地调查和统计分析，为制定企业研发重点和战略提供决策支持；（2）情报整合和价值判断，根据专利申请量盘点技术发展史、技术发展趋势和目前所处阶段以及成熟度，以判断研发该技术的价值含量；（3）情报分析和决策支持，华为根据对全球专利的系统搜集和分析，预测未来新技术的发展方向和市场趋势，为公司发展策略的制定提供参考。同时，对可能与竞争对手产生竞争关系的专利进行识别和确定，并提出具有针对性的规避、无效、撤销等策略，以避免侵犯他人专利权。2008 年，华为在海外申请的专利数量为世界第一，获得全球公司创新奖，也是先进的无线射频拉伸技术（Remote Radio Head）改变了世界认为中国企业只能模仿、不会创造的传统印象。

随着华为研发能力与创新能力的不断增强，华为的反竞争情报及商业秘密保护工作也非常出色。这些研发成果绝大部分以商业机密的形式存在。华为公司的信息安全部门有近 200 人，主要工作内容就是商业机密的保护。据华为高管介绍，其商业机密保护制度比美国企业严格得多。

华为的商业机密和信息安全保护有三层：一是制度设计，二是管理授权设计，三是技术设计。在制度设计上，华为有一整套管理文件，并赋予该管理文件以最高权力，如果有工程师触犯相应的管理规定，就要承担非常严重的后果。在管理授权方面，华为建立了基于国际信息安全体系架构的流程和制度规范。如在“进驻安全”和授权的控制上，华为采取“相关性”原则和“最小接触”原则，所有的文档和技术根据其保密的分级分层来进行不同的授权，只有一个完全必要的人才能接触相关技术，而且接触是在相应的控制和监督的情况下进行的。为此，华为的《信息安全白皮书》对该过程做出了明确的规定和约束。在技术设计的手段方面，华为的研发网络与互联网是断开的。在全球化异域同步开发体系中，研究人员开发的成果并不在本地的计算机上，而是在一个设控状态的服务器上，任何从该服务器发出的信息都有备份，一旦出现问题则立即进入回溯和检查。

华为还设立了强大的知识产权部门，不但囊括了国内知识产权界的精英，而且其从业人数的比例达到甚至超过了国际企业对法务人员要求的比例，足见企业对知识产权的重视。

华为除了严格保护企业的核心知识产权，也尽最大努力将其软件发明硬件化，通过这种方式实现知识产权的价值，提高竞争对手模仿、复制和可能偷窃的成本。华为认为，软件只有跟硬件捆绑才能生存。因此，虽然华为70%的研发成果都是软件，但华为就是靠专用设备跟硬件捆绑，提高了侵权门槛。

联想：一切围绕“复盘”

企业建立竞争情报系统还有一项重要的功能是战略反馈。也就是说，对已经搜集到的情报、决策和执行过程进行事后反思。

“复盘”是联想的基本方法论，也是联想取得成功的重要因素。所谓复盘，就像下围棋或象棋之后，无论输赢都要重摆一遍以探讨胜负得失总结经验教训。联想之所以这样做，是为了搞清楚在企业整个行动过程中，导致成功或失败的真正原因是什么，是由于幸运，还是因为自身能力？复盘会让你发现很多事情夹杂着偶然因素，下次再这样操作未必行得通，也就是要发现真正具有规律性的东西。

在联想控股，复盘工作包括三个环节：第一，要不断检验和校正目标是否正确；第二，在每一个小的里程碑节点中，检验当初决定的正确与否和执行情况；第三则是在过程中总结规律。

在联想文化中，复盘有一套规范的流程。公司成立了一个复盘项目小组，根据公司的项目前后梳理。复盘一开始就有详细的文档，小组会根据所有项目的历史情况、现在的结果以及小组对事情的反思和总结写出复盘报告。在10年时间里，联想已经总结出复盘文档达240多个。

复盘的价值主要体现在四个方面：（1）找到假设中对因果关系的认知偏差、决策失误和行动缺陷，发现问题并改变行为。在竞争情报工作中，复盘有助于确认情报的哪些来源是更准确和更真实的，它对鉴别不同情报的价值是非常重要的；（2）复盘过程是行动的直接参与者发现问题、分析问题与解决问题的过程，由亲自参与实践的人提出关键性的建议，并让参与复盘的人把经验教训带回到实践中，知识转移的距离更短，效率更高；（3）在单一情景下所获得的经验或教训并不一定正确，复盘可以不断修正或减小在认知和行动中的错误，在知识与行动者之间高度关联；（4）组织之间阅历的分享，复盘把失败或试错当作最有价值的老师，避免类似的错误重犯。虽然复盘是一种“秋后算账”，但它有利于竞争情报系统的调节、修正和改进，尤其是情报人员纠错意识的强化。

比亚迪："对标"与"反求工程"

“对标”是企业竞争情报能够有效“落地”的一种重要做法。比亚迪的对标是从早期进入门槛较低的二次充电电池入手的。由于当时企业资金匮乏，只能自己动手做一些关键设备，然后把生产线分解成若干工人完成的工序，以尽可能地代替机器。当时王传福亲自配料，公司高管亲自参加生产、亲自制作安装设备、挨家挨户推销，最后获得客户广泛认可。这种以工人为核心的工作流程对标与日本企业靠数千万资金引进生产线相比显现出独特的优势。为了进一步推进对标工作，2007 年，比亚迪请来丰田公司的咨询顾问，推行品质文化。比亚迪的管理模式更接近丰田这样的日资企业，强调造物先造人，强调所有体系的关键节点都要靠人来执行。

2003 年，比亚迪通过并购秦川汽车进入汽车业。对于一个一直以手机电池为核心业务的企业来说，如何才能快速有效地进入全新的行业？比亚迪采用“反求工程”的做法，向国际领先的汽车制造企业学习。“反求工程”是指从已知事物（如硬件、软件、照片、流程、服务等）中反推，寻求事物的本质、组成和发展规律。这项最先从施乐开始的竞争情报分析方法被很多企业采用，是向竞争对手学习的最直接方法。比亚迪把先进的汽车样车买来拆开，加以测量、分解、检测，研究其结构，试验其性能，分析其零部件，没有专利的照着做，有专利的根据情况进行修改规避。虽然比亚迪的反求工程在国际上还有各种争议，但比亚迪真正的核心技术是高度组合，它的集成创新能力仍在持续推进。

网上的情报搜集

商业情报包括市场动态、终端消费信息以及行业发展趋势。

高科技信息手段的发展使企业情报的搜集和使用越来越普遍，这就要求企业不仅要苦练内功，在提高产品质量和性能的同时，还要重视商业信息的搜集，这关系到企业的可持续性发展。

与高科技手段搜集市场情报相比，采用电话、传真、派人参加各种交易会、博览会、向国外派出考察小组及推销组等传统方式，虽然具有直接性的优点，但其缺点也较明显：耗时长、耗资多，接触、联系的人员、地点有限，难以了解全面情况，不易开发到新客户。通信技术的发展，缩短了时空差距，使沟通变得方便且随时随地。在这种情况下，采取国际贸易的传统方式，无疑将会陷入被动。

充分利用因特网

随着因特网的不断发展，为吸引更多企业的访问，其允许免费查询。企业可以利用搜索引擎找到这些网站，在搜索过程中，要充分发挥智慧，特别是对搜索结果的分析。不同的搜索引擎会搜索到不同的网站，同一搜索引擎在不同的时间结果也会不同。这就是一种信号，提示你哪些网站的影响面大，哪些网站是动态变化的。对企业有帮助的网站主要有如下。

1. 政府、行会和商会的网站。如 www. moftec. gov. cn，是中国国内官方的国际贸易信息集散地，可以进行经贸关系的初步调研、中国对外经贸数据的查阅，可以总结出中国哪些产品在哪些国家和地区的出口额是上升或下降，帮助在进入国别上进行决策，还可以查阅与对外经贸相关的法律法规，这给出口企业很大的帮助。类似的网站往往是贸易成功的基础，有了这些网站，就可以全面了解一个国家、地区、行业或商业最新、最全的信息，为决策提供大量事实依据。

2. 国际著名的商务网站。如 TradeCompass、全球商务网和 tradezone，它们的性质和服务内容大致相同，都是知名的国际商务站点，宗旨就是促进国际贸易活动，全方位地提供全球及地区性的各类商业信息。但它们也有不同，如 TradeCompass 提供市场调研和分析、贸易条款及规定、出口知识必备、货运情况等，界面友好，反映迅捷，经常会有意外收获；全球商务网提供全球五大洲及世界范围的企业名录、贸易事件、贸易展会信息，在这个网站上还能与著名的欧洲企业名录 Kompass 实现链接；tradezone 则提供贸易机会查询服务。

3. 其他信息的提供网站。如美国白宫网站、美加贸易数据统计网站等，在美国白宫网站上可以查询到世界各国的资料，而后者可以按产品详尽地查询美加海关的统计数据，通过这些数据可以找到新的出口市场，比较竞争对手，寻找出口机会。

挑选付费服务

对企业来说，当然做贸易不能完全依赖免费途径，还要寻找一些可用的收费网站进行比较。一般来讲，收费网站的信息严肃性强，信息更加有保障。在使用时，先使用因特网上的免费信息进行筛选，然后再有依据地在专业网上做进一步的证实，不仅可以达到信息的翔实、准确，还可以节省大量费用。这里可利用的有偿信息资源主要是如下。

1. Dialog 系统。这是最早进入中国市场的国外大型信息提供系统，在信息服务界规模无人可比。它拥有涵盖自然科学、人文科学、社会科学等方面的数据库 500 多个，综合了各专业学科、商务领域、新闻、娱乐等方方面面，成为企业进行信息查询的首选。

该机构驻中国区总代表黄绮玲小姐介绍说："Dialog 最初进入中国主要是用于科技，现在加大了商务的应用，深圳华为、上海贝尔等均是我们的用户。对进出口贸易来讲，美国海关数据库非常实用，它能按单一产品进行数据统计和查询，其数据详细到可根据查询的具体产品提供美国进出口商的名址，国外供应商的名单等。"

该系统为你研究潜在用户、各种竞争对手提供了详实的资料；另外，还有24个发达国家和地区按HS编码提供海关统计资料。这些数据为你了解、分析国际市场，制订市场营销策略奠定良好的基础。

2. 经济情报局（EIU）。这是专门提供各国市场情报调研的，其在国际商务市场调研方面的地位无人可比。

3. 资信提供商。在国际贸易中，资信调查是必不可少的，特别是第一次接触的贸易伙伴，更要注意。资信提供商的任务就是为你提供贸易商的财务、业务、信誉等方面的资料，确保贸易合同的顺利完成。美国邓白氏公司是进行企业资信调查的先驱，它最先开发出企业资信调查途径，为企业进行商务活动扫清了财务障碍。它的业务范围现已渗透到全世界，是了解国外客户信誉的有效途径之一。

4. 新闻情报网。比如道琼斯的金融情报网和“全球的新闻总代理”——路透社。美国道琼斯工业指数无时无刻不在影响世界的经济活动。道琼斯同时推出的金融情报网实时传送世界各地的经济信息：股票动态、银行分析、经济预测等。路透社除提供类似于道琼斯的金融信息外，还时刻传递世界新闻，其传播范围遍布全球，传播速度非常快。

合法信息的搜集

在深圳，当一个新楼盘盖起来后，潮汕人会联合起来在一条新街上开一系列店服务：装饰材料店、五金店、窗帘店等等，这些都是针对新家庭的需要而诞生的，店面服务与产品互相补充，以推助人气。一两年后，楼盘的入住已经差不多了。此时，潮汕系们也开始改头换面，原来的那些店纷纷变为餐厅、药店、发廊等，迎合一个新的住宅区人们的需要。

潮汕人把所开的店作为一个“生意信息中心”。几个人在店里坐在一起喝功夫茶，他们谈的往往是谁谁谁怎么发财了，哪里又有一个赚钱的买卖机会，并不局限于现在店面的生意。潮汕人发家或许是开一个小铺的时候利用信息做成一个“大买卖”，而完成原始积累的。

古人说得好：知己知彼，百战不殆。当企业接近一个客户的时候，要做的第一件事情就是提前了解或把握客户的相关信息。

客户资料

要了解的第一点就是：客户是什么样的客户？公司规模有多大？员工有多少？一年内大概会买多少同类产品？这些都是客户背景资料。

客户背景资料包括以下几个方面。

○客户组织机构。

○各种形式的通讯方式。

○客户的使用部门、采购部门、支持部门。

○客户具体使用的维护人员、管理层和高层客户。

○同类产品安装和使用情况。

○客户的业务情况。

○客户所在的行业基本状况。

对手资料

戴尔计算机公司的销售部门，常会在办公室里摆几张非常漂亮的桌子，桌子上面分别摆着IBM、联想、惠普等品牌的电脑，销售人员随时可以将电脑打开，看看这些竞争对手是怎么做的。同时桌子上都有一个牌子，上面写的是："它们的特性是什么？我们的特性是什么？我们的优势在哪里？它们的劣势在哪里？"这样做有什么用呢？就是要了解自己的产品特性和竞争对手的产品特性，有针对性地引导客户需求。

除了要了解同行产品的情况之外，还要了解公司的情况及背景。IBM公司在新员工培训的时候，就专门有如何向竞争对手学习这样一项内容。

了解了对手的特性，才可能在对比中找到自己的优势来赢得订单。

对手资料包括以下几方面。

○产品使用情况。

○客户对其产品的满意度。

○竞争对手的销售代表的名字、销售的特点。

○该销售代表与客户的关系。

项目资料

销售人员的压力是最大的，千万不能把非常有限的时间、费用和精力投放到一个错误的客户身上，所以要了解客户项目的情况，包括客户要不要买，什么时候买，预算是多少，它的采购流程是怎么样，等等。

项目资料可以包括以下内容。

○客户最近的采购计划。

○通过这个项目要解决什么问题。

○决策人和影响者。

○采购时间表。

○采购预算。

○采购流程。

客户的个人资料

几年前，某地有一个电信计费的项目，A公司志在必得，B、C公司尚无明确表示。系统集成商、代理商组织了一个有十几个人的小组，住在当地的宾馆里，天天跟客户在一起，还帮客户做标书，做测试，关系处得非常好，A公司认为拿下这个订单是十拿九稳的，但最终一投标，却输得干干净净，究其原因是A公司对招标方的一个有重要影响力的个人资讯缺乏了解。

中标方为B公司，该公司就先前了解和掌握了招标前所应掌握的有关招标方个人详细资料。中标方的代表是一个其貌不扬的女子，姓刘。事后，A公司的代表问她："你们是靠什么赢了那么大的订单呢？要知道，我们的代理商很努力呀！"刘女士反问到："你猜我在签这个合同前见了几次客户？"A公司的代表就说："我们的代理商在那边待了整整一个月，你少说也去了20多次吧。"刘女士说："我只去了3次。"只去了3次就拿下2000万的订单？肯定有特别好的关系吧，但刘女士说在做这个项目之前，一个客户都不认识。

那到底是怎么回事儿呢？

她第一次来时，谁也不认识，就分别拜访招标方的每一个部门，拜访到局长的时候，发现局长不在。到办公室一问，办公室的人告诉她局长出差了。她就又问局长去哪儿了，住在哪个宾馆。马上就给那个宾馆打了个电话说：我有一个非常重要的客户住在你们宾馆里，能不能帮我订一个果篮，再订一束花，写上我的名字，送到房间里去。然后又打一个电话给她的老总，说这个局长非常重要，已经去北京出差了，无论如何你要在北京把他的工作做通。她马上订了机票，中断拜访行程，赶了最早的一班飞机飞回北京，下了飞机直接就去这个宾馆找局长。等她到宾馆的时候，发现她的老总已经在跟局长喝咖啡了。在聊天中得知局长会有两天的休息时间，老总就请局长到公司参观，局长对公司的印象非常好。参观完之后大家一起吃晚饭，吃完晚饭她请局长看话剧，当时人艺在演《茶馆》。为什么请局长看《茶馆》呢？因为她问过办公室的工作人员，得知局长很喜欢看话剧，局长当然很高兴。第二天她又找一辆车把局长送到飞机场，然后对局长说：我们谈得非常愉快，一周之后我们能不能到您那儿做技术交流？局长很痛快就答应了这个要求。一周之后，她的公司老总带队到当地做技术交流，她当时因为有事没去。

老总后来对她说，局长很给面子，亲自将所有相关部门的有关人员都请来，一起参加了技术交流，在交流的过程中，大家都感到了局长的倾向性，所以这个订单很顺利地拿了下来。当然后来又去了两次，第三次就签下来了。

A 公司的代表听后说：“你可真幸运，刚好局长到北京开会。”

B 公司的刘女士掏出了一个小本子，说：“不是什么幸运，我所有客户的行程都记在上面。”打开一看，密密麻麻地记了很多名字、时间和航班，还包括他的爱好是什么，他的家乡是哪里，这一周在哪里，下一周去哪儿出差。A 公司代表听后非常佩服，知道自己落标的原因所在。

有没有一种资料让销售人员能够在竞争过程中取得优势压倒竞争对手呢？有。这类资料叫做客户个人资料。只有掌握了客户个人资料，才有机会真正挖掘到客户的实际内在的需求，才能做出切实有效的解决方案。当掌握到这些资料的时候，销售策略和销售行为往往到了一个新的转折点，必须设计新的思路、新的方法来进行销售。

客户的个人资料包括如下。

○家庭状况和家乡

○毕业的大学

○喜欢的运动

○喜爱的餐厅和食物

○宠物

○喜欢阅读的书籍

○上次度假的地点和下次休假的计划

○行程

○在机构中的作用

○同事之间的关系

○今年的工作目标

○个人发展计划和志向。

在竞争越来越激烈的国际市场上，你最难办的事情之一就是给自己的一种产品或者服务制定适当的价格，同时确定最合适的、具有足够灵活性的价格策略。这就要求你养成一种习惯，并不断地提高自己搜集商业情报的能力，尽可能多地获取竞争对手的信息。

盯住对手

随着越来越多的企业开始网上营销和促销活动，因特网使情报搜集工作变得更为方便，更富成本效益。以下是一些在因特网上获取竞争对手商业情报的常用方式和渠道。

1. 新闻发布稿。竞争对手的网站上通常都有丰富的信息内容，首先值得一读的是其新闻发布稿。一般企业的新闻发布稿内容详尽、丰富，若能接触到原始材料，会有助于你从中搜集“可操作性的情报”，从而得出可靠结论。当然你也可以在公共新闻媒体上读到一些报道，但由于报道篇幅有限，有些细节通常无法见诸报端。

2. 网上购物中心。某出口企业共有 34 家竞争对手，它想尽可能了解其中的 5 家。网上的消费者购物中心便是了解对手产品技术规格、产品动态、价格优惠条件的好“场所”。

因特网上载有多数上市公司的大量资料，这是因特网最能发挥其作用的地方。利用搜索引擎或因特网购物中心，借助企业网站，你可以轻松获得有关企业的最新数据。

3. 市场调研。市场调研是搜集情报的重要方法，但价钱不低。市场调研报告能使你从一个旁观者的角度来通观你的企业所涉足的领域。市场调研越来越多地由专业的市场调研机构来进行，如国外的 Dataquest（数据公司——编者译），就是市场情报业的领先者。它提供了一个集调研、定制咨询和用户分析于一体的国际网络，从事定量市场研究、统计分析、增长预测和信息技术销售商的市场份额排名。

展览会上的研究

展览会的独特之处不仅在于外商会来找你，而且也在于同行切磋。这是进行第一手市场调研和搜集价格等信息的绝好机会。要像侦探一样，花时间走遍展会的每个角落。

带个相机和记事本，走出去尽可能多地搜集信息。调查竞争对手，找找自己的产品、销售人员、展品、宣传资料、顾客评价和展会前的营销策略及其在实施效果方面与竞争对手的差距。

当然，在展会上要想直接了解同行的价格不是那么容易的，因为任何人对价格都非常敏感。但是，通过他们的客户（也可能是你自己的客户）来了解竞争对手的信息情报是非常有效的策略。如在广交会上，当你与外商讨价还价时，外商惯用的伎俩就是说，哪家公司报的价比你低得多，其实这正好是你顺藤摸瓜的时候。

其他方式搜集更多信息

在出口销售工作中，快、准、全的信息情报是争取商机或订单的最有力保证。你报出任何一个价格时，都在有意或无意地利用自己积累的信息情报来做决策。但是，当今的国际贸易更要求你有意识、有组织地进行情报采集。

在实际业务工作中，可通过信息系统获得二次信息；还可通过与竞争对手、供应商和客户直接交谈，获取第一手情报；另外，通过人际网络，与出口销售人员、研究开发人员直接进行交流等也能采集到很有价值的情报。之后，再对得来的数据和信息进行分析。

非常规潜入

旧金山的雅丰公司是一家较知名的华商纺织品企业集团公司，经营10年，生意极度火爆。后来才得知，该公司5名业务骨干都曾是国内某些纺织品贸易公司的驻外人员。

事后证明，10年前雅丰公司的老板从台湾移民初到美国时，面临一无货源渠道，二无销售渠道的困境。为了“速成”，他从几家国内公司高薪挖人，把人招过来，供求客户就等于“全盘端”。而国内的这几家公司在美国市场开拓多年，投入的几百万美元就这样为他人做了“嫁衣”。

事实上，大公司对此更是驾轻就熟。2002年，作为直销电脑市场领导者的戴尔，想在打印机领域做同样的努力，那可是惠普的天下。戴尔并没有在新领域中占到什么便宜，非但如此，戴尔给惠普所带来的威胁远低于业界的预计。在戴尔看来，这场商战败得不明不白。

2005年，惠普起诉其原负责业务开发和战略的副总裁，之后惠普被该副总裁反诉，并被暴露出惠普曾用“非常规”手段窃取戴尔信息的细节。

具体做法就是，惠普公司派遣了公司的竞争情报部去了解对手的计划。他们在几个月的时间内得到了他们所有想得到的细节信息。

这些跨国公司的做法，暴露了企业竞争潜规则：间谍可能就在你家门后。

在大多数情况下，利用一切可以利用的手段，来尽可能多地获取外界的信息是每家公司每天都必须要做和正在做的事情。

国际上首屈一指的洗涤用品生产公司花王公司，更是精于对市场情报的搜集。该公司制定了许多的市场情报战略。其中，对于竞争对手情报主要从竞争者的雇员中搜集。正式或虚假的招工审查也是其中的重要方式。让竞争对手过去或现在的雇员在谈话中不慎泄密；拉拢对方高级管理人员，搜集经营情报；或者直接聘请工商业界有影响的人物做顾问，利用其名望和地位直接向对手套问。

为了与擅长情报战的日本企业抗衡，在最僵的时候，甚至 FBI 都牵扯其中。1982 年 6 月 23 日早上 7 时，6 名日本人被 FBI 警员押解。被逮捕的是日本日立制作所和三菱电机两家著名电气公司的 6 名雇员，另有 12 名雇员被美方发出了逮捕令，其逮捕的理由是“非法获取有关世界头号计算机生产商 IBM 的基本软件（OS 操作系统）和硬件的最新技术情报，并偷运至美国境外”。

1983 年 2 月，日立三菱公司在承认雇员有罪的前提下与原告方达成和解。经此一役，IBM 的 OS 操作系统的著作权在世界主要工业国家得到了全面承认。

竞争对手原材料的供应商、产品的销售代理商都可能成为竞争对手情报的携带者，买通他们，用迂回方式了解对方的情况。

但是，只要有公司采取了“付费”的手段，从同行对手的工作员工或是政府手中获取商业信息，那么他们将涉嫌贿赂。在美国等国家的监管部门，这是其国家法规中的重罪，也是不容跨国公司触碰的“火线”。他们可以暗中操作，但风险可能导致“声名俱损”。

德国工业巨擘西门子公司曾在美国哥伦比亚特区联邦地区法院接受了与其全球商业贿赂有关的四项案件审理。美国当局和西门子就自 2006 年开始的商业贿赂调查达成和解，西门子同意支付创纪录的 8 亿美元罚款。

这一单全球行贿案成为美国实施《海外反腐败法》31 年以来的惊天大案，总计 16 亿美元的罚款和在美被罚 8 亿美元都创下了历史纪录。

该公司也因此付出惨重的代价——总计超过 16 亿美元的罚款，不仅包括西门子向美国政府缴纳的 8 亿美元，还有西门子在德国受罚的 5. 96 亿欧元（约合 8. 14 亿美元），后者包括其去年已上缴的 2. 01 亿欧元罚款。

公开的搜集情报怎么都可以，但是“非法潜入”是被禁止的，因为那就有可能惹上官司。更重要的是，不要涉及商业贿赂，这是最重大的过错，会让企业身败名裂。

第五章

竞争情报

市场是没有硝烟的战场。市场竞争是产品的竞争，更是情报的竞争。

现代企业不但要有雄厚的实力，还要有灵敏的反应。而企业想要具备灵敏的反应，就必须建立一套完备的竞争情报系统。

竞争情报的解读

在现代战争中，导弹是很重要的武器；在现代市场上，比导弹更重要的是情报。

海湾战争爆发前期，投资商纷纷撤离当地市场。由战争所导致的社会动荡成为扼杀市场的怪物。国内商人除了关注美伊的军事力量外，对商业的关注者寥寥无几。但长虹集团的老总倪瑞峰从不停播放的战讯中看出了端倪。10 天后，伊电台报道，由于战争即将爆发，石油及附属产品价格跌入谷底，聚苯乙烯的价格也不例外。于是长虹集团的董事会立即做出采购 500 万吨聚苯乙烯的计划，用作电视机外壳材料。后来，经过成功调运，长虹电视机外壳成本是国内同类产品成本的 45%。在利润分成中，长虹依靠这一商业情报获得 5000 万元的相对收益。

在现实的企业决策中，情报起了不可估量的作用。

竞争情报

○竞争情报是企业决策的线索。

○企业行动的助推器。正确使用及提供竞争情报应成为企业每个员工的一种外来推力，而不局限于战略规划及营销部门。

○企业高层把握市场的方向盘。只有在企业高层领导的直接指导及推动下，情报才能达到最佳效果。高层领导不必亲自参与项目的实施，但必须洞察并握有情报的准确率和实施时机。

○团体充分协作。与情报有关的信息60%在企业内部或人际网络中已经存在，企业各部门让情报为本企业发挥最大效应，运作中通力合作，切不可闭门造车。

竞争情报的短板

○ 先知先觉。即使最优秀的竞争情报人员也不能先知先觉，他只能根据搜集到的信息对营销及竞争环境进行较为合理的估计。因此企业对于竞争情报人员不能寄以太多的依靠。

○ 数据及表格。有些竞争情报人员只是罗列大量的数据及表格，把信息当作了竞争情报。事实上，数字只能表明问题的一个方面，诸如管理思想、市场战略及创新能力等重要情报则需要竞争情报人员进行定性分析，并融合经验直觉才能得出。

○ 独角戏。有些企业竞争情报部门往往扮演独行客的角色，自己单独行事。殊不知，一个优秀的竞争情报部门应该随时与企业管理层保持密切联系，并且要对企业其他部门（尤其是那些直接面对客户的部门）的员工进行竞争情报采集与使用的培训。

对于一个企业来说，竞争情报的任何变化，包括技术的、经济的以及政治因素，都可以对企业的利益乃至生存产生重大影响。企业如果能阅读早期的预警信号，从情报中发现并预知这些可能的变化，就可以利用所剩时间，预先采取相应的措施，避开危机，寻求新的发展机遇。这种能力在当今社会中变得越来越重要。

被打败是可以原谅的，而可避免的失败则是不允许的。运用重要的情报，就可以反射出公司的需求，并把意外的可能性降低到最低。这就是竞争情报所要达到的目的。

因此，读懂竞争情报、尽快取得情报并最大化利用情报，都是当下企业的一个需要急迫解决的事情。企业决策者和管理者应该理清企业和情报，尤其和竞争情报的关系，并明确处置。

竞争情报是对具有战略意义的可公开获取的信息的筛选、搜集、阐释和传播。实际上，竞争情报就是“把零散的竞争者情报转化为竞争者对于其自身的竞争者、竞争定位、竞争行为、竞争能力和竞争目的的相关的、精确的、可用的战略性认知的分析过程。”无疑，竞争情报是一种思考方法——它运用公共资源去定位和发展关于竞争和竞争者的信息。它是关于一个公司高度详细而精确适时的信息。

竞争情报的思路导向不是去窃取竞争对手的商业机密或其他私人财产，而是将其搜集成为一个系统化的、合理合法的宽范围的信息，一旦进行比较和分析，就能够提供对一个竞争企业的组织架构、企业文化、企业行为、能力和弱点等的充分理解。

总的来说，竞争情报也有点像惊险间谍小说中所描述的谍报工作。否认两者之间的相似之处是可笑的，因为两者同样需要从环境中获取那些对自己的客户不利或有利的信息。不管是在为公司还是为政府工作，竞争情报和谍报工作在搜寻信息时同样需要对信息进行筛选、搜集、阐释和传播。但仅仅如此，除此之外，竞争情报同出生入死的谍报工作就不一样了。政府情报部门可以在法律的规则之上操作，而企业竞争和商业情报是不能这样做的——竞争情报不是间谍工作，不能用违法的方法达成目标。

洞察竞争危机，消除或减少意外，通过减少反应时间来提升竞争力，寻找新机会，这是企业竞争情报最重要的一环。

竞争情报的运作可以从非常简单的事情入手，比如可以是了解一个新上任的主管的背景资料，也可以是搜寻投资领域的重要新闻。但重要的是，竞争情报可以预测到企业未来的成长或衰败，因为将来的竞争者可能是在一个不同的产业中通过新技术来影响公司的。

ROYAL 打字机公司后来的竞争对手是几个年轻人——史蒂夫·乔布斯和史蒂夫·沃兹耐克。他们热衷于在自家后院的车库里把一些芯片、电线和阴极管焊接成一个电脑，这就是苹果电脑的前身。乔布斯和沃兹耐克在家里的工作最终成就了一个产业，而且对许多其他行业也产生了深远的影响。IBM 决定跟随苹果电脑进军 PC 市场，并最终改变了 IBM 的业务。而这之前，他们仅从 PC 市场上偶然获得的一相关的情报受到惊动而突发改变。

如果竞争来自于根本不相干的领域，企业该如何及时通过情报找到它们呢？

有些未来的竞争者会浮出水面，什么地方有“声音”，竞争分析就会及时找到他们，并且包围他们。“我们没有必要担心，美国人是不会买这些玩具车的。”1960年，底特律的汽车制造商就是这样看日本车的，并且在以后的30年里也没有什么反应。但是今天，克莱斯勒已经成了德国的企业，通用和福特在金融危机之后濒临破产；在美国的公路上，丰田、本田、大众、宝马可以大行其道，许多同行公司只好望而兴叹。

日本的照相机制造商曾经用磁性介质，即照片数字化拍摄并显示在屏幕上来代替感光胶卷，而柯达也可以很轻易地为这些照相机提供磁性存储介质，就像富士、3M等其他厂商一样。但最终他们只是在那里好奇地观望。柯达或许不想在显示器方面与索尼、松下等老牌电子生产商较量，因为在家用电器的技术和生产能力上已经被日本企业落下得太远，但这种能力对于美国来说或许是一种永久性的损失，除非现有的数码高清晰电视的研究机构能够给人们带来消费电子产品市场新的切入点。

在我国，这种情况也屡见不鲜。当年VCD上市的时候，市场上出现了一大批对于消费者来说还很陌生的企业；当DVD上市的时候，这种情况又出现了。也许我国家电的大牌制造商们并没有站在那里好奇地观望，但他们确实错过了很多机会。杰克·韦尔奇眼中的现代企业不但要有大企业雄厚的实力，还要有小企业灵敏的反应。而企业想要具备灵敏的反应，就必须建立一套完备的竞争情报系统。

无论规模大小，并不是每个企业都能正确了解他们自己的业务，或者客户基础。没有建立在理解层面上的视角，竞争情报也必然无法去预测；没有这样的理解，即使威胁在你面前你也无法看清。准确地说，竞争情报最重要的作用就是预测威胁，一旦威胁出现，能够立即示警。

工作当然需要情报部门来完成，但情报部门并不是一个传统意义上的纵向部门。

部门领导一般由相当于公司副总裁的CIO担任，他与企业决策层共同确定竞争情报的目标，并最终将竞争情报分析的结果传播给企业决策层。他是竞争情报部门和企业决策层沟通的唯一桥梁，只有通过他的沟通，竞争情报工作才能体现出其最重要的价值。

核心小组一般会附属于企业的战略部、信息部、营销部或者财务部，其成员都应该是竞争情报领域内的专家。他们的主要工作是通过企业的IT部门，搭建和完善企业竞争情报的IT体系，并且分析通过这一体系搜集上来的数据，通过前景预测、战争模拟等手段预测竞争环境以及竞争者的变化，以及确定企业应该采取的相关措施，为企业决策层提供可指导行动的建议。

虚拟成员则可以包括企业全体员工，以及董事会、监事会成员，甚至企业的供应商和分销商。他们通过定期或者不定期地为核心小组提供竞争环境和竞争者动态变化的数据，成为企业无处不在的耳目。

当然，企业也可以使用外聘的咨询公司或者公关公司为其展开竞争情报工作。外聘的咨询公司或公关公司可以从一个公正和客观的角度来为企业提供视线之外的东西，特别是在评估非同一产业的潜在竞争者的时候，他们的作用是企业内部的情报部门所不能取代的。

竞争情报的作用

商业谈判是企业最常见的商业活动之一。在买卖交易、企业兼并、技术引进乃至各种商业冲突中，人们都可能采取谈判的手段来解决问题，所以从某种意义上说，商业谈判就是在谈判的双方之间进行的情报博弈。在这场博弈中起重要作用的因素不仅仅有谈判者的口才、素质、公司的实力地位，更重要的是各自所掌握的相关情报。

掌握情报，后发制人

在某次交易会上，我方外贸部门与一客商洽谈出口业务。在第一轮谈判中，客商采取各种招数来摸我们的底，罗列过时行情，故意压低购货的数量。我方立即中止谈判，搜集相关的情报，了解到日本一家同类厂商发生重大事故停产，又了解到该产品可能有新用途。在仔细分析了这些情报以后，谈判继续进行。我方根据掌握的情报后发制人，告诉对方：我方的货源不多；产品的需求很大；日本厂商不能供货。对方立刻意识到我方对这场交易背景的了解程度，甘拜下风。在经过一些小的交涉之后，对方乖乖就范，接受了我方的价格，购买了大量该产品。

在商业谈判中，口才固然重要，但是最本质、最核心的是对谈判的把握，而这种把握常常是建立在对谈判背景的把握上的。

梳理情报，厚积薄发

上世纪80年代我国光冷加工的水平较低，为改变这种状况，国家决定为南京仪表机械厂引进联邦德国劳（LOH）光学机床公司的光学加工设备。南京仪表机械厂的科技情报室马上对劳公司的生产技术进行了情报分析。在与劳公司谈判时，劳公司提出要对中方转让24种产品技术，中方先前就对劳公司的产品技术进行了研究，从24种产品中挑选出13种产品引进，因为这13种产品技术已经足以构成一条先进完整的生产线。同时中方也根据对国际市场情报的掌握提出了合理的价格。这样，我国既买到了先进的设备又节约了大量的外汇。事后劳公司的董事长R·柯鲁格赞叹道："你们这次商务谈判，不仅使你们节省了钱，而且把我们公司的心脏都掏去了。"

在平时注意对情报的搜集和处理，在谈判中往往能够游刃有余，获得成功。

运用环境，静观其变

1987年6月，济南市第一机床厂厂长在美国洛杉矶同美国卡尔曼公司进行推销机床的谈判。双方在价格问题的协商上陷入了僵持的状态，这时中方获得情报：卡尔曼公司原与台商签订的合同不能实现，因为美国对日、韩、中国台湾提高了关税的政策使得台商迟迟不肯发货，而卡尔曼公司又与自己的客户签订了供货合同，对方要货甚急，卡尔曼公司陷入了被动的境地。中方根据这个情报，在接下来的谈判中沉着应对，卡尔曼公司终于沉不住气，在订货合同上购买了150台中国机床。

在谈判中，不仅要注重自己方面的相关情报，还要重视对手的环境情报，只有知己知彼知势，才能获得胜利。

核实情报，确认价值

1982 年，石家庄市第三印染厂准备与联邦德国卡佛公司以补偿贸易形式进行为期 15 年的合作生产，规定由外方提供黏合衬布的生产工艺和关键设备。该工艺包含了大量的专利。初次谈判德方要求中方支付专利转让费和商标费共 240 万马克。中方厂长马上派人对这些专利进行了专利情报调查。调查发现其中的主要技术——“双点涂料工艺”专利的有效期将于 1989 年到期失效。在第二轮的谈判中，中方摆出这个证据，并提出降低转让费的要求，外商只得将转让费降至 130 万马克。

在我国的技术引进中，常常为了一些价值低廉的技术付出巨额的投资，在技术转让的谈判中往往不能据理力争，如果在谈判之前多掌握些合理的情报，也许结果会完全不同。

掌握史实，逼出底牌

某大型国企公司与美国某公司谈判设备购买生意时，美商报价 218 万美元，中方不同意，美方降至 128 万美元，中方仍不同意。美方诈怒，扬言再降 10 万美元，118 万美元不成交就回国。中方谈判代表因为掌握了美商交易的历史情报，所以不为美方的威胁所动，坚持再降。第二天，美商果真回国，中方毫不吃惊。果然，几天后美方代表又回到中国继续谈判。中方代表亮出在国外获取的情报——美方在两年前以 98 万美元将同样设备卖给匈牙利客商。情报出示后，美方以物价上涨等理由狡辩了一番后将价格降至合理。

从某种意义上讲，谈判中的价格竞争也是情报竞争，把握对手的精确情报就能在谈判中的价格竞争中取胜。

竞争情报的价值

当今，情报已成为继产品、资金、人力资源之后企业参与市场竞争的第四大核心竞争因素。竞争情报是一种“别人没有你可以没有，别人有你必须有”竞争力要素。

古人说：知己知彼，百战不殆。所谓知彼，对手当然不会主动把机要信息告诉你，这时就要靠情报工作人员的市场调研或从对手那里获取情报。我国历史上三国时期的著名败将当数蒋干自作聪明，想刺探吴军情报，结果折腾了半天，却被周瑜弄了将计就计，这就是一个情报获得的历史经典。让竞争情报成为企业战略的一部分，甚至是最基础的一部分，是企业取得成功的关键。

与历史上其他任何时候相比，今天人们从事竞争情报工作的能力、技术和知识，更加与企业制定求胜的战略密切相关。在网络环境下，竞争情报工作必须从搜集、分析和传播知识与信息的阶段发展到帮助企业获取和使用知识与信息，以确保求胜战略的实施和完成。

宝洁的竞争情报部门把工作重点放在改进公司经营决策的解决方案上，并且其竞争情报人员可以列席公司的执行董事会议。我们在市场上看到了宝洁公司的成功，但不知道它对竞争情报是如此的重视。中国企业应该说也很重视竞争情报，但没有从企业战略的角度来实施竞争情报，或者某些市场分析人员有这样的想法，但没有在管理层形成共识，所以没办法建立一个完善的竞争情报系统。

在20世纪80年代末期，IBM公司对市场竞争趋势的判断出现重大失误，忽视了当时迅速发展的个人电脑革命，仍然认为大型主机硬件设备的研制开发会给公司带来持续的繁荣。面对瞬息万变的市场，IBM集权化的组织结构和官僚化的管理体制，加快了公司经营危机的来临。到20世纪90年代，公司终于陷于严重的困境中。从1991年至1993年，IBM公司的亏损超过147亿美元，成为美国公司历史上最大的净亏损户，1994年其在全球电脑市场上的销售排名下降到第三位，股票价格下跌了50%，公司发展和生存面临严峻的挑战。1993年1月，IBM董事会决定辞退公司总裁，并由曾任职于麦肯锡管理咨询公司的原美国RJR食品烟草公司总裁路易斯·郭士纳先生临危受命，担任IBM新的董事长兼首席执行官。

郭士纳先生一上台就发现该公司的竞争地位已受到实质性侵害，决定对公司的最高决策层和管理层进行改组，以完善具备战略性的领导体制，成立了IBM中、长期战略决策组织，即政策委员会和事业运营委员会，并认识到建立一个公司层面统一和正式的竞争情报体制的重要性，提出要“立即加强对竞争对手的研究”，“建立一个协调统一的竞争情报运行机制”“将可操作的竞争情报运用于公司战略、市场计划及销售策略中”。在哥士纳先生的大力支持下，IBM公司启动了一个建设和完善竞争情报体系的计划，并建立了一个遍及全公司的竞争情报专家管理其全部运作的核心站点。IBM公司的决策层希望通过该计划，能够及时准确地判断企业的竞争对手拉拢IBM公司客户的企图。

为了对付这些竞争对手，公司组织实施了“竞争者导航行动”竞争情报项目，重点针对IBM在市场中的12个竞争对手，派出若干名高级经理作为监视每个竞争对手的常驻“专家”，其责任是确保IBM公司掌握其竞争者的情报和经营策略，并在市场上采取相应的行动，在此基础上建立公司的竞争情报体系。该竞争情报体系包括完善的管理信息网络和监视竞争对手的常驻“专家”和与之协同工作的IBM公司的竞争情报人员，以及生产、开发、经营和销售等职能部门的代表，由这些人员构成一个个专门的竞争情报工作小组，负责管理整个计划中相关方面的竞争情报工作。

分布在整个公司的各个竞争情报工作组每天对竞争对手进行分析，通过基于Lotus公司Nores软件的系统为工作组提供在线讨论数据库，能够使IBM公司全球各地的经理们和分析家通过网络进入竞争情报数据库，并做出新的竞争分析。

竞争情报小组还使用IBM公司的全球互联网技术获取外界信息，利用IBM公司的内部互联网技术更新企业内部的信息。

随着这一体系的不断完善，竞争情报开始融入到IBM公司的企业文化中，在经营过程中发挥越来越重要的作用。

通过调整竞争情报工作重点及建立新的竞争情报体系，IBM公司各部门的竞争情报力量能够有效地集中对付主要的竞争对手和主要威胁，并提供各种办法提高各竞争情报小组的协作水平，优化了原有的情报资源，增强了公司适应市场变化和对抗竞争的能力，最大限度地满足了全球市场上客户们的需求，使公司销售收入持续增长。

竞争情报在IBM公司经营改善中的作用也逐步显现出来。据调查，在1998~2000年期间，竞争情报对整个公司每年业绩增长的贡献率分别为6%、8%和9%。以后IBM公司在信息技术行业中又重新获得了领先地位，到2001年公司利润总额达80.93亿美元，股东权益为194.33亿元，IBM高速增长的商业利润再次受到公众的关注。

晚清末年，张之洞情绪高涨要创办汉阳铁厂，可是铁矿石是个麻烦问题，于是就聘请德国人作为矿石勘探师，在祖国的大江南北到处寻找铁矿石。当德国人把报告递交到张之洞手上的时候，清政府的总理衙门就已经转发了一份德国皇帝的公函，要求张之洞跟德国人联合开矿。张之洞还没有来得及拒绝德国人，日本人就来了。日本人来得更直接，他们事先知道了清政府还有大笔的赔款没有着落，就主动贷款给清政府，然后用铁矿石抵押贷款。

张之洞当时还在纳闷，日本人消息怎么这么灵通？其实，这是日本人的情报工作做得很到位。在甲午海战之前，日本人就已经将清政府的各种情报悉数搜集，并加以整理备案，随时待用。日本人带着中国的铁矿石样品回日本，有人还嘲笑日本人，大清什么国宝都有，日本人偏偏要带几块石头作纪念品。张之洞终于明白了，日本人原来早就知道湖北有铁矿。八国联军的部队开到北京城后，日本人轻车熟路地直奔清政府的“金库”。就在这个时候，德国人的战舰几乎跟日本的战舰同时开到了汉江，都要霸占汉阳铁厂以及大冶铁矿。

日本人的情报工作在甲午海战时就让谈判大臣李鸿章叫苦连天，自己跟光绪皇帝的一切密电都在日本首相伊藤博文的掌握之中。伊藤博文打仗还有一个重要目的就是通过战争贷款换铁矿石。当伊藤博文率领文武百官参观八幡制铁所的开炉炼铁仪式的时候，低品位的中国铁矿石却成了日本人的魔咒，怎么也打不开炉门。八幡制铁所后来成了日本最大的钢铁厂——新日铁。

竞争情报的运作

宋代沈括所著《梦溪笔谈·权智》中，讲了这样一个故事：北宋名将曹玮有一次率军与吐蕃军队作战，初战告胜，敌军溃逃。曹玮故意命令士兵驱赶着缴获的一大群牛羊往回走。牛羊走得很慢，落在了大部队后面。有人向曹玮建议："牛羊用处不大，又会影响行军速度，不如将它们扔下，我们能安全、迅速赶回营地。"曹玮不接受这一建议，也不做任何解释，只是不断派人去侦察吐蕃军队的动静。吐蕃军队狼狈逃窜了几十里，听探子报告说，曹玮舍不得扔下牛羊，致使部队乱哄哄地不成队形，便掉头赶回来，准备袭击曹玮的部队。

曹玮得到这一情报，便让队伍走得更慢，到达一个有利地形时，便整顿人马，列阵迎敌。当吐蕃军队赶到时，曹玮派人传话给对方统帅："你们远道赶来，一定很累吧。我们不想趁别人劳累时占便宜，请你让兵马好好休息，过一会儿再决战。"吐蕃将士正苦于跑得太累，很乐意地接受了曹玮的建议。等吐蕃军队歇了一会儿，曹玮又派人对其统帅说："现在你们休息得差不多了吧？可以上阵打一仗啦！于是双方列队开战，只一个回合，就把吐蕃军队打得大败。

这时曹玮才告诉部下："我扔下牛羊，吐蕃军队就不会杀回马枪而消耗体力，这一去一来的，毕竟有百里之遥啊！我如下令与远道杀来的吐蕃军队立刻交战，他们会挟奔袭而来的一股锐气拼死一战，双方胜负难定。只有让他们在长途行军疲劳后稍微休息，腿脚麻痹、锐气尽失后再开战，才能一举将其消灭。

一个优秀的企业决策者一定有一套好办法去判定市场上自己与竞争对手的优劣形势。如果自己处于优势，怎么都能将对手挤出竞争领域当然是最好不过的了，关键是很多时候是胜负难料的，你对击败竞争对手如果没有什么把握，市场也看不出来对自己的公司多么有利，怎么办？

最重要的敏锐力就是抓竞争情报，这对你做出明确的判断非常重要。为了保持自己在市场中的优势，美国政府甚至不惜代价派出 FBI 到各国做间谍搜集别国的商业情报。当所需资料都搜集好了，市场却没有出现自己期望的发展态势怎么办？那就要做出假象来迷惑敌人，让他朝着自己希望的方向去行动。

会把握市场的领导者是优秀的领导者，但能够创造市场机会的领导者更是杰出的人才！敌强时，不急于攻取，须以恭维的言辞和丰厚之礼示弱，使其骄傲，待其暴露缺点，有机可乘时再击破它。

韩国三星公司派驻在美国洛杉矶的员工通过报纸看到一则消息：由于廉价的韩国产品的进口，美国最后一家吉他工厂将要关闭。该员工把该消息送回汉城的公司总部，总部的竞争情报部门立刻对该信息进行了如下分析：美国吉他是美国西部乡村音乐的伴奏乐器，它的特点和美国人的性格非常相似，它的消失就像牛仔的消失一样会令美国人难以接受。美国可能会对吉他进口采取限制措施，国会有可能会通过提高关税的手段来保护美国这一具有象征意义的产业。于是三星公司抓紧时间，尽可能地抢先将更多的吉他运往美国，存入仓库。结果正如他们所预料的那样：美国国会提高了吉他进口的关税。由于三星已有大量的存货，因此尽管关税生效了，但它仍赚取了很高的利润。

竞争情报的增效

企业要想在如此复杂与动荡的竞争环境中立稳脚跟，就必须通过合法手段开展一切有关竞争对手、竞争环境等竞争情报的搜集与分析工作。及早发现企业的机会与威胁，减少市场反应时间，避免市场中的意外，从而提高企业竞争优势。但是，在现实的运作中，不少竞争情报部门都形同虚设，没有起到真正的效果。

要建立高效的竞争情报部门并且成功运作，可以遵循以下步骤。

步骤 1：正确设立竞争情报部

对于不同行业及不同规模的企业，其所面临的竞争状况亦不尽相同，因此其情报部门的设立各有差异。但企业可以根据自身情况选择以下方案的一种或几种进行设立。

○ 企业赢利主要来自何处？企业挣钱的关键领域就是企业竞争情报部门应该设置的地方，如有些企业以销售为主，有些企业以技术开发为主，则情报部门就应该分别设在销售部和技术开发部。

○ 企业新产品来自何处？如在生物制药等领域，新产品来自企业的研究与开发部门和科学家。很多软件公司的新产品来自销售人员和客户打交道时产生的新思想。因此，情报部门应该分别设在研究与开发部和销售部。

〇 企业所面临的最大威胁来自何处？如果公司自下而上的关键是保证企业以低成本生产产品，则如何降低生产成本是竞争情报的关键课题。因此，情报部门设置在制造部门。对于许多私企来说，老板一旦决策失误，对整个企业将是毁灭性的，因此，情报部门就应该设在行政主管部门。

〇将情报部门作为一个独立的部门，情报人员要通过从不同的部门得到项目来维持部门的自下而上。因此上规模的企业可以将竞争情报部门设为单独的一个部门，便于开展工作。

步骤2：情报部门设立之前自我考察

〇 要了解本企业到目前已从事了哪些情报活动？已经掌握和尚未掌握的情报是哪些？为了弥补已知与未来情报的差距，企业应该做些什么？怎样完善企业情报系统？情报人员是否能与企业的决策者坐在一起讨论企业的发展战略？

〇要了解一个组织有序的竞争情报对工作有什么作用？如何将战术情报提供给销售人员，将战略情报提供给决策者，将技术情报提供给研究与开发人员。

〇 要了解情报人员在情报工作中能发挥的作用，搜集情报或分析情报，以及与企业内外的人际网络保持紧密联系。

〇 发现不同用户最主要的情报需求。企业战略决策、早期预警、市场监控等方面是有不同的情报需求的。

〇 发现情报工作的重点。企业在做出战略决策时，需要建立一个优先的情报搜集和分析项目。

〇 明确从事情报工作所需的技能和人力资源。

步骤3：建立竞争情报小组并确定目标

〇通过最大限度的沟通与企业内部的用户建立起伙伴关系，并尽可能保证各部门的协作和参与。

〇 做出一个短线出成果的情报项目，取得公司的信任与支持。第一年的目标一般可以这样确定：建立竞争对手资料库，保证在持续不断的基础上跟踪2～3个关键竞争对手；采取适当措施，在公司内外部建立起信息搜集反馈体系；寻找适合本公司的有效的信息提供方法，如简报、例会等。

○ 通过内部的竞争情报活动使情报部门所做的工作能够为人所知，争取企业内更多的人士支持竞争情报工作。

○真正出成绩之前切不可将目标设得太高，也不能将企业的期望值提得太高，以免短期不出成绩而失去各方支持。

步骤4：确定信息来源

首先应明确什么样的情报可以通过合法的手段获得。据竞争情报资讯的有关统计，竞争所需的80% ~90%的信息都可以从公开渠道获得。主要的信息来源可归纳为如下两类。

公共领域信息。公共领域信息数量非常巨大，这些信息是公开的，任何想得到的人都能得到。这些信息有的来自政府，有的来自媒体、行业协会，有的来自公司。如政府资料、证券交易所公司上市资料、剪报、国内外主要财经内部出版物、行业协会、展会等。

非公共领域信息。要获得这些信息需要一定的努力，这类信息包括人际交流信息和直接观察信息。如询问客户、供应商、竞争对手，销售人员提供，聘请对手重要人员及搜集对手废弃物等。

步骤5：利用获得竞争信息的最常用的措施

获取信息是竞争情报人员最重要的工作，它来源于天赋、悟性及长期的实践。常用措施包括：信息交易、建立自己信息源、在行业内建立联盟、在展览会上观察及交流、建立销售员信息反馈体系、参观竞争对手、找到竞争对手前职员等。

步骤6：明确竞争情报提供形式

根据企业大小及信息化程度，竞争情报可以以多种形式提供，只要是适合本企业的就是最好的。如有的企业要求竞争情报人员每月提供一份情报简报，有的要求对于相关信息写成专题形式，有的要求以讲座的形式让相关人员共享，还有以行业资讯、情报分析通讯、档案、例会等形式进行提供情报。

企业的竞争情报工作具有很强的实践性，需要一套特定的思路、洞察力和分析能力。一个优秀的竞争情报人员需要一定的天赋及一段时间的学习和实践。情报人员需要通过长期的摸索和经验积累，才能找到适合于本企业的工作方式，不能期望一蹴而就。

竞争情报的终端

在终端市场，情报搜集显得更是非常直观，因为，竞争对手的一切市场决策必然会在终端市场及时地显现出来，看的就是你是否真的能够做到细心和敏锐了。

一旦发现对手在终端市场的动向，就要马上做出判断，并且以最快的时间反馈到上级决策部门，以便及早做出应对的策略。因为终端市场是短兵相接的处所，当你能够发现信号时，就意味着对手的策略已经进入了实际操作阶段，而这时的对策多半就是“拼刺刀”，所以速度是越快越好。

有一个公司的销售经理一天偶然看到超市的货运车正在将对手的产品陆续地卸车入库，这原本是经常都会看到的事情，但是这位销售经理却鬼使神差地没有放过这个现象，于是他继续观察，发现当天的产品比平时要多许多，这是怎么回事呢？对方想干什么？难道要大规模促销？

想到这里，他再也坐不住了，匆忙回到卖场，吩咐一个刚招聘的业务员到对手的卖场区假扮顾客去询问。原来对手准备连续三天举行大型促销活动，包括价格折扣和赠品促销等活动。于是他以最快的速度将这一情报报告给了公司营销总部，总部经过综合分析后确定，这是对手在各卖场掀起一次大规模降价促销的准备工作，如果被对手实施攻击的话，将会使最近本来就销势不好的自己的产品雪上加霜。

于是总部召开各渠道经理参加的紧急电话会议，连夜通过并布置在第三天抢先在卖场全面掀起购货附赠礼品的促销活动，一车车赠品被连夜送到相关卖场。由于这位销售经理的机敏，及时发现情报才使得企业避免了一次被竞争对手沉重打击的厄运。

“跑店系统”是众多外企在中国取得成功的一个秘密武器。凭借这个“跑店系统”，外企把终端工作做得细致而扎实。他们的目标是，获取更多的情报、及时了解竞争对手，争取最多的销售网点，分销最多的品种，争夺最大的陈列面积。

按照这种销售方法，企业为一个产品的销售，配备足够的销售人员，为每个人划分一定的店数，规定不同类型店的拜访频率，制定每天的拜访路线，不折不扣地按照规定的拜访路线跑店。同时，还详细规定了进一家店后做哪些工作，以及如何做。例如，进店前要做好各项准备工作，进店后先观察商店，查看货架，做记录，再找采购要求补货，同时想方设法买进新品种或谈妥促销活动，然后要回到货架前理货，回去后要填写报表。更重要的是可以通过终端门店这个窗口，随时了解对手想做什么，在做什么，并及时地反馈回公司的营销情报系统。

与此同时，另一套系统也同时启动，这就是上级经理和管理人员的“巡店系统”，巡店系统是销售管理的另一个重要的方面。所谓巡店，就是上级经理要定期对管辖的市场进行巡视，检查销售目标，如铺店情况怎样，品种分销情况怎样，产品陈列做得怎样，促销小姐的工作如何等等，同时，在巡店时，还可以了解竞争对手都在做什么，以便及时采取应变措施。在外企，无论职务多高，经理来到一个市场都要进行巡店。最后，上级经理的一项重要工作是指导和培训下属，但是这个依然不是最重要的，最重要的是通过巡店，发现一些销售人员没有发觉的情报，核实销售人员的情报的准确性，以上级经理的直觉来判断更多的蛛丝马迹，从而首先在终端层面保证初始情报讯息的准确性。

培养竞争情报文化

企业文化对竞争情报的影响引起越来越多的关注。当今的企业经营环境复杂多变，决策所需要信息的数量和复杂程度决定了必须建立正式的竞争情报组织机构才能满足企业的需要。一个企业的情报行为取决于它的竞争文化和沟通文化。所以，在企业有效地开展竞争情报工作，就需要将企业文化与竞争情报相结合。

日本就是根据媒体刊登的王进喜照片，锁定了大庆油田的位置和产油量。

1964 年，《中国画报》封面刊出了一张照片，照片上“铁人”王进喜头戴皮帽，身穿厚棉袄，顶着鹅毛大雪，握着钻机手柄眺望远方，在他身后散布着星星点点的高大井架。日本情报专家根据照片上王进喜的衣着判断，只有在北纬46度至48度的区域内，冬季才有可能穿这样的衣服，因此推断大庆油田位于齐齐哈尔与哈尔滨之间；通过照片中王进喜所握钻机手柄的架势，推断出油井的直径；从王进喜所站的钻井与背后油田间的距离和井架密度，推断出油田的大致储量和产量。日本迅速设计出适合大庆油田的设备。当我国政府向全世界征求开采大庆油田的方案时，日本公司一举中标。

日本企业普遍重视情报工作，英国《金融时报》曾报道，日本公司的所有雇员都要定期接受相关训练，让他们时刻把眼睛睁得大大的。

竞争情报是任何一个在竞争环境下生存的企业工作中必不可少的一部分，无论是像松下、TCL、美的、ABB这样全球500强的企业，还是刚挂牌开张的个体经营单位。赛立信竞争情报认为，没有专门负责竞争情报的部门和相关的竞争情报人员，不等于没有做竞争情报工作。这只是具体工作的表现形式不同，有些企业会让处于市场一线的销售人员去搜集相关的信息，而有些企业则会和各类型的调研公司、竞争情报服务机构、广告公司等去做竞争情报工作。而有组织、系统化是企业开展高水平竞争情报工作的必然要求。

有句话说得好：“有时候，竞争情报没有形象；有时候，竞争情报有一个错误的形象。”

就国内情况而言，情报工作经常被误解，而竞争情报工作被误解的情况就更普遍。竞争情报工作者的形象常被误解为“特务、商业间谍，偷情报就是市场调查，其实没什么大用处……”。

中国有句俗话:“名不正则言不顺，言不顺则事不成。”被误解了的竞争情报形象阻碍了企业竞争情报工作的开展。在企业开展竞争情报，首要任务之一是树立情报工作的形象。

如果把竞争情报仅仅看做一种产品，那么必然强调投入和产出。过分强调投入产出的结果是：给予竞争情报的投入会很不合算，竞争情报工作因此也就很难持续开展下去。但是将竞争情报作为一项服务，并创立服务品牌，就会为竞争情报准确定位：既提供产品，也提供服务。赛立信竞争情报认为，只有像名牌产品一样得到普遍的信任，获得广泛的赞誉，企业竞争情报工作才会形成良性循环，持续健康地发展下去。

所以，在企业有效地开展竞争情报工作，就将需要企业文化与竞争情报相结合。首先，要树立竞争情报的正面形象，让企业员工接受竞争情报工作。然后，让企业人养成一种与企业荣辱与共、相互依存的企业生存习惯，培养情报意识，主动地感受技术、市场、用户、竞争对手的变化信息，分析判断形成竞争情报。最后，通过企业完善的信息沟通机制，将有价值的情报信息传递给需要分享这些信息的人，以期应用于企业决策。

竞争情报的危机管理

在企业的各项管理中，危机管理是管理中的核心环节，尤其是竞争情报的危机管理。

一家中日合资的H企业掌握某中德汽车W厂商在轮胎方面有质量问题，在H企业得到对手相关危机情报的同时，已经秘密联系各大媒体、广告，使W厂商的生产质量危机大白于光天化日之下。由于双方都有相应的竞争对手实时跟踪机制，W厂商在迅速解决自身质量问题的同时也积极寻找可以反制约H企业的杀手锏。在H企业还没有与媒体携手围攻之前，W厂商也掌握了H企业的某一质量问题报告。高手过招都是很谨慎的，由于双方都忌惮对手的后招，害怕两败俱伤，因此一场本会引起双方短兵相接的冲突，最终偃旗息鼓。由此可见，如果W厂商没有实时研究对手的动态和体系，可能无法避免地陷入H企业的十面埋伏。

还有第二种危机发生的可能。2005年，上海光明牛奶出现利用回收奶再造的事件，在媒体采访光明牛奶的老总的时候，这位老总十分委屈地表示："现在哪家牛奶不是这样做？为什么就盯住我们一家？"这样的做法从危机管理的角度上说是十分愚蠢的，这是一种扩大事实，殃及整个产业公信力，破坏利益链的做法。有一位学者说过："世界上就因为愚蠢的人多，这个世界才热闹"。从竞争情报学的观点来看，同行业竞争对手的一言一行都应该被重视和关注，在这种情况下有两类企业采取了完全不同的做法。

第一类企业，如蒙牛、伊利，在第一时间了解竞争对手光明牛奶的采访播出后12小时，联合召开新闻发布会，建立奶制品诚信联盟，保证不使用回收奶，虽然这两家公司是否真的不使用回收奶，我们不得而知，但是蒙牛、伊利的新闻发布会和光明牛奶的报道在媒体同时出现时，他们给予竞争对手的一击是十分沉重的，不但避免了蒙牛、伊利陷入产业信任危机，而且大大提高了自身的企业形象，削弱了对手，扩大了市场份额。大家可以认识到随时观察竞争对手的一言一行有多重要。

第二类企业就是那些没有迅速做出反应的公司，自然而然地被消费者归位于“光明同党”，成为被殃及的池鱼。

所以，我们可以了解到，在一个小问题就可以引起企业危机的情况下，企业的危机管理必须和企业竞争情报实时相结合，跟踪竞争对手动态，及时反应才能立于不败之地。

情报渗透

尽管一条信息不能给企业带来永久的契机，但却能随时间推移，出现潜移默化的渗透。

微软在中国的情报获取70%以上来自网上信息拦截，而这是通过合作伙伴实现的。根据政策环境、软硬件行业动态、网络业环境、竞争对手、合作伙伴和终端市场动态等方面定制关键词，情报就会自动发至制定的链接。当然这种网上情报的拦截是定期更新的，有时甚至增加或减少。这是目前公司获取情报最快捷的方式了。为了保持情报的精准性，微软对合作伙伴的要求比较苛刻，经常对网上锁定的情报给予精准性测试。但是，由于微软有独特的技术平台，微软对合作伙伴给予了更多的培训和目标情报教育。

随着微软本土化程度加深，其对专项情报的需求朝着专业性、相关性、整合性的趋势发展，这样就需要与市场研究机构有更多的合作。但微软提倡各分支机构与美国咨询机构进行合作。这样可以保障专项调研的权威性和内部情报的共享性。如微软中国与盖勒普公司有长期合作关系。每次微软有新的产品上市或新的开发计划，其都会有一手的市场调研资料作支持，在中国平均一年调研的频率是5次左右。但市场调研不光是量化样本的过程。在每次调研前，公司内部的技术人员、需求制定者、调研项目负责人会达成充分沟通，精心锁定每个样本，并就项目进行的原始相关情报进行汇总，为量化样本的情报采集提供原始背景资料。

微软公司的另一个情报来源就是自身的咨询顾问及公关公司，这一部分服务主要弥补深度性情报的不足。他们将许多报刊和行业资料进行整合，形成微软内部独有的情报服务机制。当然，微软是不会放过老对手的，他们的拓展专员、市场专员都有可能成为某一对手的专职情报员。他们嗅觉异常灵敏，展会、研讨会、厂商推广等各种场合都成为他们获取情报的重要机会。

微软公司情报来源多种多样，文件的格式也是多元的。为了方便情报管理和分类，合作伙伴提交的情报以电子文件为主。对于纸质文件，微软公司会请很多兼职人员进行文字录入。公司情报资源全部统一为电子文档保存。网络系统是微软情报流转的最大财富，内部网中有大约10个专门的情报链接，网管员会对网站设立级别许可，可以随时查到美国宏观经济、行业统计信息、近300个国外公司的战略及市场动态等。内部情报网对不同的分公司设有专门上传文件的接口，这样总部可以随时掌握各地动态。服务于微软的公司首先须签订不扩散协议，由专门咨询机构定期负责信息上传和网站更新。所以说，微软的情报管理完全是基于网络进行的。

在微软内部，情报渗透率很高，因为有效的情报采集与分析相配合，才能最终产生决策和市场行为。这也体现了情报的价值。在微软内部经常会有主题型例会，大家共同讨论某一竞争情报的对策。当然，每个企业组织和文化不同，沟通机制虽然也不同，但情报流转规则是相似的。对于像微软这样的重量级公司而言，健全的内部网络，很好的角色分工，战略层对情报有效的响应是公司情报运作的几个必备要素。只有情报流转顺畅，才可能提高整体公司的活力。

竞争情报的策略

在企业竞争情报的战场上，策略应该是第一。

在信息化应用和普及中，竞争情报概念宣传，商业智能的实施预热和知识管理的理念导入，已经被广大企业所认识和接受。竞争情报、竞争情报工作和竞争情报系统，开始频繁地出现在企业运营和管理的议事日程当中。

表面上看，这是我们的信息化普及和宣传推广的结果。

实际上，企业和各类竞争性组织已经深切地体会到竞争情报的重要性，迫切地要求在企业或组织中导入或者开展竞争情报工作。需要是最大的市场推动力，企业竞争情报正在逐渐形成一个新的信息服务市场，这一市场正在给具有市场信息采集和研究能力的咨询公司带来新的机会，特别是为那些网络信息内容服务厂商提供了一个难得的细分市场的机会。

1990 年，麦当劳在深圳开了第一家快餐店，至今麦当劳在中国开了 2000 多家快餐店。作为连锁快餐业巨头，它是如何来对它庞大的帝国进行控制和管理的呢？这其中，竞争情报系统功不可没。对于快餐巨头麦当劳来说，2002 年是不幸的一年。由于快速扩张，致使它出现 37 年来的首次亏损。2002 年，第四季度季报一出，12 月 2 日股价立即下挫至 15. 39 美元，麦当劳利用手中掌握的竞争情报信息，立即关闭 170 多家快餐店，几乎退出了消费能力较弱的南美市场，将发展重点集中到中国等经济发展迅速的国家。

在过去没有专门信息系统的时候，麦当劳就积极利用各种手段搜集与市场竞争相关的信息，如全球媒体对麦当劳的正面或非正面的报道、竞争对手肯德基的相关信息、餐饮业和快餐业的相关政策法规以及一些主管机构的动态、合作伙伴可口可乐和雀巢咖啡等相关方面的信息。这些工作为麦当劳做出正确的经营决策奠定了基础。与此同时，为了搜集如此众多的有效信息，麦当劳的市场工作人员就必须经常浏览不同的网站，每天重复上百遍的查询，并且还要不停地翻阅报纸、购买剪报公司的剪报、购买调查公司的调查情报、搜集行业政策法规。这些工作不但烦琐、机械，无法发挥人的能动性，而且购买的资料价格昂贵，信息获取分散、缓慢、不全面，一旦失去了信息的时效性，往往也就失去了应有的价值。

传统企业竞争情报的获得异常艰难。在市场反馈方面，麦当劳需要及时搜集全球媒体对自身的正面或非正面的报道，以做出正确的判断及相应的处理；在竞争方面，麦当劳需要及时搜集竞争对手肯德基、麦肯炸鸡的相关信息；在合作伙伴方面，麦当劳需要及时搜集同一个集团下的相关信息；在行业方面，麦当劳需要搜集可口可乐、雀巢咖啡的相关信息；在产品方面，麦当劳需要搜集鸡肉卷等具体产品的相关信息；在政策法规方面，麦当劳又需要搜集餐饮业以及快餐业的相关政策法规以及一些主管机构的动态。

麦当劳时时关注市场的变化，技术的革新。365Agent 情报中心的网络竞争情报监测系统，一经推向社会，洋快餐巨头肯德基、麦当劳迅速做出反应，他们率先使用 365Agent 的系统监测服务，把公司的市场、公关人员，从烦琐、重复的信息查询中解放出来，提高了人员的使用效率。

麦当劳的市场工作人员利用 365Agent 竞争情报监测系统，根据公司的需要，定制自己需要监测的方方面面的关键词，几个也行，几十个，几百个也可以。365Agent 情报监测系统，就会从全球 8000 多中英文门户、新闻网站、电视、报纸等媒体网站，政府、信息中心、数据库等站点实时抓取定制信息，经过系统分析匹配之后，及时发送到用户的 Email 信箱中。他们也可以随时登陆 365Agent 的系统，实时查看自己定制的信息。

企业竞争情报一方面使竞争情报从研究所走向商场，是对竞争情报服务的一项重大革命；另一方面，利用网络手段实时监测采集全球网络竞争信息，是对传统竞争情报获取方式的根本性变革。

第六章

情报守护

商业情报可以说是企业的“第四生产要素”。因此，保护好自己的商业情报就像保护好自己的资金、产品和人才一样重要，甚至更重。

“使你疲倦的不是远方的群山，而是你鞋里的一粒石子。”我们的企业要时刻揣摩“瓦尔德内尔提袜子”时的动作。

企业垮台之谜

市场竞争，残酷无比。在当今市场上，我国企业的平均寿命只有2～4年！人们对企业的破产倒闭都习以为常，或许扼腕同情。但让人触目惊心的是：一个实力雄厚的大企业一夜之间倒掉了，却是由于本企业的技术情报被盗！这是市场竞争中最为残酷的现实。

处在领先地位的企业，依仗核心技术占据有利的市场地位，谋求快速壮大，赶超行业老大的企业，通过不断的技术创新、业务创新正“暗度陈仓”；而依靠市场缝隙和掌握独特技能的创业公司，等待着厚积薄发……但是，在种种商业计划的背后，却潜伏着难以察觉和不可预知的危机——技术资料、设计专利、研发代码等商业秘密被窃取和外泄。

有商业秘密的地方，就有潜伏的窃密客，他们戴着各色面具，扮演不同角色。竞争对手有意向地收买员工，使其浏览、拷贝甚至以邮件发送公司技术资料获得经济利益；前股东、核心管理层盗走核心技术或挖走价值团队，另立门户，成立对手公司；员工跳槽带走原公司重点自主研发技术产品并带入新东家，通过反向开发等获得技术信息，等等。

为了争夺市场份额，各企业均花上大手笔来研发新的核心技术，数百万的投资，数百人的研发团队，数千日的心血，就为了企业的“家传秘方”“镇企之宝”。技术和核心专利构成的商业秘密与企业血肉相连，是企业的无形资产、无价财富，甚至是企业的生命！商业秘密的泄露给企业的打击胜过一场灾害，轻则损失经济利益，重则关乎企业的生死存亡。

有一家机械制造公司的研发部长贺先生，他的突然离职和人间蒸发给该企业蒙上了一层阴影。一项投入高达 6 亿元的核心技术，已经通过了国家认证，就在认证书出来的第一个月后，贺某就复制了整个技术资料。如果这项技术泄露给其他公司，公司很快就失去任何竞争力，而且还涉及国家有关机密。原来，国外公司曾开价 3000 万美元试图买下技术图纸。幸在警方侦破此案件，避免了国家级重大核心技术机密的外泄，挽回高达数亿元的经济损失。

在高新技术高速发展的今日，类似的泄密案例层出不穷。从区区无名的小企业，到力霸行业的龙头企业，几乎无一例外地卷入过“窃密和泄密风云”。可以说，高新技术企业每天都在上演商业版的无间道，不仅觊觎他人的核心技术，更加提防自己的知识技术产权被侵犯。

有扒手就有反扒，有间谍就有反间谍。作为企业，应该全方位保护企业核心技术的安全，确保企业商业秘密不被窃取。除了传统的行政制度和法律约束等手段之外，保护企业信息安全最根本、最有效的防护方式就是通过技术手段构建企业的信息安全防护系统，从源头对企业的商业机密进行保护，让企业能够完全控制内部信息的流转。目前，市面上已经出现多种软硬件形式的企业信息安全产品，在防止信息外泄方面给出了很好的解决方案，代表着企业商业机密全新的防护思路和方向。

企业不怕丢钱，不怕丢设备，就怕丢了本钱，就怕丢之前没有充分的防范意识！

资金链断裂导致企业破产或倒闭人们已见怪不怪，但因企业情报失去防护而导致破产或倒闭，则让人不免啼笑皆非。

当今，不时出现一些企业的垮台事件，企业决策者们往往一筹莫展，找不到真正原因。

呵护你的情报

情报是企业的宠儿，宠儿需要特别地呵护。

可口可乐公司总裁曾说："假如有一天一场大火把可口可乐公司烧掉了，只要配方还在，那么第二天就会又有一个新的可口可乐公司诞生。"这就是可口可乐的配方——企业产品重大情报信息的价值所在，需要的是企业加倍守护。可口可乐公司守护自己的配方信息，已经有125年历史，至今没有任何对手能够得逞。

经常会有新的计算机病毒、拒绝服务式攻击、电子商务网站的信用卡信息盗窃、盗窃某公司产品源代码案等。许多商业人士认为在他们公司绝不会发生这种事情，但是，这种事情却每天都在发生。

有位于先生受人委托盗窃某公司，他先弄清了该公司所存放异地备份的位置，他还了解到该公司有一张授权提取磁带的人员名单，名单上的每个人都有各自的密码。

于先生用从网上买来的开锁工具开锁，几分钟后就溜进了该公司的办公室，当时大概凌晨3点。于先生打开一台PC机，屏幕上出现了Windows 98的图标，他笑了，这简直就是小菜一碟，Windows 98没有任何形式的身份认证程序，稍加搜索之后，他找到了含有授权名单的Microsoft Access数据库。他在授权名单上添加了一个伪造的名字，他早就准备好了匹配的驾驶执照，当然也是假的。于先生很轻松地闯入带锁的存储室并找到客户想要的磁带。但是，这家公司所有的客户都会收到一张受损通知，这样一来攻击者就失去了应有的优势。专业人员总是为以后进出留下后门，以备不时之需。

按照商业间谍的常规做法，他们把一些也许以后要用的东西放进了后口袋，然后把包含授权名单的文件复制到了软盘上。

第二天，于先生打电话到存储公司，使用他添加到授权名单上的名字和相应的密码通过了验证，然后请求提该公司上个月所有的磁带，并说将会有信使服务来拿包裹。最后，于先生把磁带交给了客户，顺利完成任务。就这样，一家没有采取合理的安全措施的服务公司让攻击者轻易地获得了他们的客户信息资源。

其实，任何企业的内部信息，都是本企业的重要情报，基于这个认识，任何一个细小的信息，都是有价值的，都必须受到保护。一家公司的客户名单，不管是存储箱里印刷文档还是办公室的电子文档，具有同样的价值。商业间谍总是喜欢轻松地绕开安全措施，选择最薄弱的环节作为攻击目标。窃取一家公司的异地备份储存设备被发现或被抓住的风险很低。每一家公司在存储任何有价值、敏感或者关键的数据之前，都应当将其加密以保护数据的机密性。

远离商业间谍

商业间谍看起来离你很遥远，其实它以特定的形式就在你的周围。

企业竞争就是人才的竞争，而企业在陆续不断地招聘各类人才的同时，授予他们经验和知识，甚至是企业内部管理模式和生产经营流程，而当这些职场新职员在获得各类生产、管理经验之后，他们又做了些什么呢？是继续留下来为企业创造更多的财富，还是利用所学反挖企业墙脚呢？这些“倒打一耙”的人，其实就是“商业间谍”。

身处职场，谁都会希望有到名企增加资历、充电和得到锻炼的机会，使之成为职业生涯的资本。然而，人的言行不仅受到法律的制约，而且还受到道德的约束。在企业赋予你个人价值和财富的同时，应存感恩之心。你可以选择去另一个更能发挥自己才能的企业。但是，你利用所得去反挖企业墙脚，损害其利益，那么你的信誉将毁在自己的行为之下，受到唾弃和鄙视。

任何企业在招聘时，都会特别注重个人职业经历，如“曾在某外资企业从事技术开发”、“曾是某企业科研组成员”等。因为这些经历是你能力的体现和个人价值的证明，也是你能竞争更高职位的资本。然而，对企业来讲，面对越来越多的“镀金人”，招聘时更应谨慎加小心，严格对求职者进行筛选，因为不是所有的求职者只是纯粹地抱着求职目的而来。

简历如此包装，让企业招聘者如何辨明真伪，当企业花费大量人力和财力之后，却为企业招来花瓶型人才，岂不是浪费了企业资本。面对时下招聘越来越难，风险越来越大的形势，企业更应该选择专业的人才测评机构。无锡市青年人才服务中心便是无锡地区的专业人力资源供应商，其规范化的管理体系，为企业提供人才测评的各类服务，使企业降低成本、减少盲目性、提升招聘成功率，避免招收与企业不相匹配的人才。

许多企业都有一整套自己的培训管理体系，对经过选拔录用后的人会进行一定时间内的培训，使员工能力明显地增强。而这些员工有能力、经验，而且还有名企的招牌，自然含金量很高。如果他们求职动机不良，在完成“偷技任务”之后离开，必会给企业带来人力资本亏损。有市场供给自然就会出现市场需求，在这种形势下，一些小企业会用优厚的待遇和高职位吸纳这些名企培养出来的人才。对跳槽者而言，一般都是希望能获得比现在更高的薪资待遇和职位。

企业要防范“镀金人才”最好的办法是：一是在新员工进入时树立员工的人生观和价值观，并根据企业提供的岗位招聘合适的人才，对不合格的则拒之门外，哪怕他具备让人叹服的工作经历。二是签订合同，这对企业和个人双方同时具有约束力，企业可明确规定员工辞职后不得向同行业或竞争对手提供或透露有关企业重要资料和商业秘密等。三是企业培训对象，选择那些有潜力，且对企业有一定忠诚度的员工，并为他们确立个人职业规划，提供个人能力发挥空间。第四，从工作和生活上关心了解员工，让他们感受到一个具有凝聚力的工作氛围。

不能陪同的规矩

商业间谍可以无间道，但商业秘密却有规矩。

一位市长应思科公司邀请，率团到硅谷考察。思科公司的代表全程陪同，行程包括参观生产光纤通信设备的达康公司。达康公司对于市长的来访给予了热情的接待，但却委婉而明确地表示：思科的人不能陪同。最后，这家公司的总裁带领市长一行参观，思科的人也很自觉地避开了。事后，代表团的很多成员对此印象颇深，这是大家第一次直接感受到美国的商业秘密保护。思科公司的人说：这是行业规矩，也是硅谷规矩。

垃圾桶也不放过

2000 年 6 月，位于华盛顿的一家技术市场研究所披露了一桩新闻：有人向该研究所的两名清洁女工提出，愿以 2000 美元购买这家研究所的垃圾。两名清洁工不为金钱所动，并将此事曝光。顺藤摸瓜进行调查，发现主使者居然是硅谷有名的甲骨文公司。甲骨文总裁埃里森最后承认，在微软垄断案调查过程中，一些研究所曾发表报告声援微软，他曾派私人侦探翻找这些研究所的垃圾桶，试图找到微软向这些组织行贿的证据。虽然结果证明，这几家研究所确实拿了微软的钱，但埃里森的行为仍遭到反对，搜集证据应该通过更合理的手段。

一切都不是秘密

一个星期天的晚上，一家仓储公司的保安接到一个电话。打电话的人问："伙计，早上几点开门，我要去交货。"保安回答了他的问题，电话那头又问："是不是早点去排队好一点？那里有足够的地方卸货吗？"他们又闲聊了几分钟后，电话就挂断了。保安做梦也想不到这个电话的重要性，那个要去交货的"司机"其实是那家公司的竞争对手所雇佣的商业间谍，他只用一个电话，就了解到了该仓库的储货能力以及主要客户等信息。一位资深商业间谍曾轻描淡写地说："对于真正的商业间谍来说，一切都不是秘密。"

间谍战带动新产业

美国企业里通常会有专人来负责商业安全事务。一方面从事情报的搜集和分析，一方面采取严密措施保护公司商业资料。

英特尔、惠普、通用汽车等大公司甚至聘请联邦调查局的前特工充当安全顾问，而从事这一行业的人数也在快速增长。

同时，安全顾问公司、商业资料调查所等商业间谍机构和商业间谍培训机构也纷纷出现了，一些退役的美国联邦调查局、中央情报局官员都参与其中。在培训机构里，学员被传授如何利用人类的弱点窃取情报：满腹牢骚的员工最容易说出公司的经营情况；律师和管理人员喜欢证明自己的才能，装傻的办法对付他们最管用；会计人员对数字最敏感，可以利用人们喜欢纠错的特点，故意说错，诱使对方说出正确的数字来加以纠正；主动求教也会麻痹不少热心人。

谨防内鬼

俗话说，“家贼难防。”在企业内部，最容易窃走信息和情报的不是外贼，而是内鬼。

2012 年，以网络犯罪为题材的韩剧《幽灵》正在热播中，该剧主要讲述了男主人公（顶级黑客）变身网络警察，与借助网络进行犯罪的坏人斗智斗勇的故事，故事题材新颖，脱离了韩剧惯常的情爱、家长里短的模式。情节悬疑有节奏获得了观众的认可与好评。剧中的警察厅、大型企业的内鬼作案也让我们对内网安全的重要性有了更直接的认识。作为我国内网安全领域的先行者——溢信科技表示，我国经过十几年的内网安全发展，已经获得了很大的发展，越来越多的企业开始意识到内网安全的重要性。

其实对于企事业单位来说，信息泄露的风险多来自于两方面，一是非人为因素，比如《幽灵》中的黑客之类的，俗称外网安全：一是人为因素，就如同《幽灵》中警察厅的内鬼，俗称内网安全。有调查显示：超过 85% 的安全威胁来自组织内部，在各种安全漏洞造成的损失中，30% ~40% 是由内部文件的泄露造成的。在 Fortune 排名前 1000 家的公司中，每次内部文件泄露所造成的损失平均是 50 万美元。在损失金额上，由内部人员泄密导致的损失是黑客所造成损失的 12 倍。就比如说，由于公司整体信息安全意识不足，防护措施缺乏，导致系统漏洞常常没有及时修复，给黑客以可趁之机；钓鱼网站、恶意电子邮件经常被打开，成为病毒入侵、信息泄露的入口；U 盘、移动硬盘泛滥，公司与个人设备混合不清，内部文件随意外泄；甚至是公司内部人员恶意破坏或者窃取企业机密等等，各种问题都会给企业造成巨大的损害。

法律保护

保护企业内部情报的许多方法中，向法律寻找保护是情报防窃最好的保护。

市场经济不仅允许企业保守自己的商业秘密，而且还受法律的保护。但由于保密意识薄弱，保密制度和措施的疏漏，导致经营上受重创的例子屡见不鲜。

某医药集团招募了一批医学科研人员，经过一年多的努力，终于攻破技术难关，成功研制出一种抗癌新药。就在企业准备大规模投入生产的时候，公司驻浙工作人员却在当地许多家药店发现了浙江一家公司生产的类似新药。经查，这是公司某科研人员跳槽到浙江公司后，不遵守职业道德，泄露了公司重要的技术方案造成的。公司损失巨大，虽然已经报案，但该公司的副总还是心有余悸。

企业可以依照现行法律规定，通过以下途径来加强对企业情报的保护。

合同保护

在我国，近年来侵犯商业秘密的案件时有发生。其中，企业内部雇员以人才流动为由，带走企业秘密的占有相当大的比例。而对企业威胁和危害最大的，则是企业高级负责人，如总经理等携商业秘密跳槽的行为。一个从事医学科研工作的人员在来到一家企业上岗时企业并没有与其签订劳动合同和保密协议，因此，当他跳槽到另一家企业上班后，为了自身的便利和业务的需要，“情不自禁”地使用原单位的商业秘密，“跳槽”纠纷也由此而引起。因此，当雇员正常脱离企业时，企业不应草率应对。而应当郑重地提醒他们，只有个人的知识与能力才是工作流动的资本，如果泄露属于企业的商业秘密，将承担法律责任。如果必要，企业应与离职人员订立保密合同，或以备忘录的形式，书面告之义务。

《技术合同法》第40条、41条相应规定了“违反合同约定的保密义务的，应当支付违约金或者赔偿损失。”一方当事人如果违反了约定的保密义务或者违反了权利人有关保守商业秘密的要求，造成权利人损害时，应当按合同约定或有关民法规定，依照民事诉讼（或仲裁）程序，承担违约责任及赔偿责任，但合同保护只能限于特定的当事人之间，没有对抗第三者的效力，而且当事人不得在合同中设定限制技术进步的条款。为了更好地保护商业秘密，实行一定的竞业禁止是必要的。但根据我国《劳动法》的规定，劳动者享有劳动就业权和自由择业权，所以我们对于保护商业秘密的竞业禁止，必须置于合理的限制条件之下，使竞业禁止不与职工的平等就业权和自由择业权相冲突。只有在公平、合理的基础上签署的竞业禁止，才不会违背自由择业的劳动用工原则。

行政保护

长期以来，我国法律对商业秘密实施的保护力度不够，但近年来，有关法律法规相继出台后，而企业也逐渐认识到了泄密的严重性，纷纷拿起法律武器来捍卫自己的权益。对侵犯他人商业秘密的行为，被侵害人可以向侵害人所在地或侵害行为发生地县级以上工商行政管理机关申请行政保护，不过同时应当提供商业秘密及侵权行为存在的依据。这些证据包括：权利人合法拥有此项商业秘密的证明，权利人已采取了保密措施的证明；被申请人所使用的技术信息、经营信息与自己的商业秘密具有一致性或者相同性的证明；被申请人具有获取权利人商业秘密客观条件的证明；如果被申请人否认权利人的指控，也要对其所使用的商业秘密的合法性提供证据，如证明自己所使用、披露的有关信息与申请人的信息既不相同也不相似的证据等。如果被申请人不能提供或拒绝提供依据的，则工商机关可根据《反不当竞争法》，依法认定被申请人实施了侵权行为，受理的工商行政管理机关应当责令侵害人停止侵权行为，并可以根据情节对违法者处以一万元以上二十万元以下的罚款。此外，权利人一旦发现自己所拥有的商业秘密被他人泄露，可以自泄密之日起六个月内向国家专利局申请授予专利权，直接获得《专利法》的保护。

刑事保护

由于这只是一种民事保护，其严厉程度还不足以震慑那些严重侵犯商业秘密的行为人，因此，全国八届人大五次会议通过了新修订的《刑法》，把侵犯商业秘密行为列为新增的犯罪行为之一，一旦被定罪，对行为人除进行经济处罚外，还可刑诉控告。商业秘密是指不为公众所知悉、能为权利人采取保密措施的技术信息和经济信息，其具体包括设计程序、产品配方、制作工艺、制作方法、管理诀窍、客户名单货源情报、产销策略、招投标中的标底及标书内容等信息。构成商业秘密必须具备以下三个要件：一是它属于秘密的范畴，不为公众所知悉，凡是通过公开渠道出版书籍和产品展销会上散发资料等获得的信息，即使具有重大的实用价值，也不能作为商业秘密；二是它必须具有实用性，能为权利人带来经济利益；三是权利人必须采取保密措施，防止外人获取这种信息，如果权利人没有采取必要的保密措施，自行泄密而被他人使用，则不属于侵犯商业秘密的行为。

根据《刑法》第 219 条的规定：以盗窃、利诱、胁迫或者其他不正当手段获取权利人的商业秘密的，披露、使用或者允许他人使用以前项目手段获取的权利人的商业秘密，违反约定或违反权利人有关保守商业秘密的要求，披露、使用或者允许他人使用其所掌握的商业秘密，明知或者应知前述三种行为，获取、使用或者披露他人商业秘密的，均属侵犯商业秘密的行为。

通过以上合同保护、行政保护、刑事保护三重法律防火墙，定能够帮助企业保守商业机密。

情报的攻与防

瑞典乒乓球名将瓦尔德内尔曾是中国乒乓球国手夺冠的最大障碍。瓦尔德内尔在比赛中稳如泰山的状态让人印象深刻。经过对比赛录像的反复研究，中国教练们终于发现瓦尔德内尔有一个习惯性动作：比赛紧张时会下意识地提一下袜子。于是，教练们根据这一发现制定了应对策略。世界冠军王涛回忆说："后来我们和他打比赛时，只要看到他提袜子，立刻就有了应对之招，而且很灵。"

情报分析在国际体育大赛中的运用已不新鲜，而在市场，竞争情报则更加刺激。2003 年底，威盛集团董事长王雪红和总经理陈文琦被友讯公司起诉，涉嫌派遣商业间谍盗取友讯的电脑程序著作，被台北地检署要求判刑4年，最后不了了之。2011年4月，“力拓间谍案”主角胡士泰一审被判决10年有期徒刑的余音未退，路透社又抢先发布我国经济数据预测，这是自2008年以来，路透社第七次精准地“猜”对了我国月度CPI数据。

美国未来集团的一项调查数据显示，情报对企业经营的贡献率，微软为17%，摩托罗拉为11%，IBM为9%，宝洁为8%，通用电气为7%，惠普为7%，可口可乐为5%，英特尔为5%。

日本企业情报机构更是被认为能媲美美国中央情报局。日本各大综合商社就是集贸易、金融、信息功能于一体的“情报机构”。“有的企业大约5～60秒即可获得世界各地金融市场行情，1～3分钟即可查询日本与世界各地进出口贸易商品的品种和规格，3～5分钟即可查出国内外1万多个重点公司的各年度生产情况，5～10分钟即可查出各国政府的各种法律、法令和国会记录，5分钟即可利用数量经济模型和计算机模拟画出国内外经济变化带来影响的曲线图……”

因此，商业情报继资金、技术和人才之后，被认为是决定企业生死的“第四生产要素”。我们的企业看得清“瓦尔德内尔提袜子”吗？中国企业竞争情报有何特征，短板何在，离国际标杆企业还有多远？

在企业发生的数据外泄事件当中，有75%来自企业内部，内部泄密已成为企业数据外泄的头号原因。商业间谍的危害性开始引起人们的重视。

有一位智者说得好，使你疲倦的不是远方的群山，而是你鞋里的一粒石子。同理，令企业恐惧的，有时并不是强大的竞争对手，而是自己的商业机密变成了对方手里的底牌——这正是商业间谍的可怕之处。早在工业时代，代号7X的可口可乐配方采取了严密的保密措施，为公司赢得了超过800亿美元的无形资产。而“景泰蓝”制瓷与宣纸技术的被窃，也为企业带来了无可估量的损失。在当今信息化时代，商业间谍无所不用其极，利用各式手段访问公司网络和内部系统。警醒后的企业开始未雨绸缪。

目前阶段，商业间谍窃取式攻击的具体情形主要包括如下几个形式。

○窃取用户名、密码，冒充他人身份登录内部网络并行使职权；

○私自查看、携带、复制企业机密信息；

○以恶意软件或病毒等感染企业计算机及网络；

○引入间谍软件、键盘记录器及其他软件，窃取有用信息。

无论是以上哪种形式，当攻击者以合法身份进行庇护，无防御能力的企业只得望洋兴叹，坐看重要资料外泄。“信息安全贵在前期部署，防微杜渐，以有限的投入获取无限的防护回报。”商务部中国国际电子商务中心、国富安电子商务安全认证有限公司专家提醒。

事实上，在如今信息安全部署的规模扩大化时期，商业间谍威胁也并非防不胜防。除配置防火墙等传统方法之外，企业更可采用多种解决方案，从不同角度满足企业的安全防护需求，以下提出几个可行的部署方式。

○职责或职务的分离

应确保企业之中的重要信息及业务至少二人以上方可具体实施。例如，可设立某员工启动某重要信息或业务，但另设立其他员工具有授权的职能。这种检查机制可以有效防止恶意雇员及商业间谍的不良行为。

○重要数据加密

将重要数据加密，可以确保恶意攻击者即使已经成功截获数据并将其带到网络外部，也可通过显示乱码等形式确保数据不被查看与窃取。

○为员工设立“身份生命周期”，细化权限管理

也即企业为企业员工建立账号生命周期，设定相应权限和访问控制。例如，部署集中安全管理系统（GFA IAM）之后，合法员工入职后可获得账号，企业可为员工设置相应权限，保证核心机密安全；用户行为审计功能可以搜集和记录用户访问行为，方便实现监管；员工调职或离职后，IAM 更将快速反应，进行更改和删除的操作，从而整体防护内部网络的安全。

当然，以上几点只属企业防护商业间谍威胁的基本措施。不管是针对黑客，还是更为职业化的商业间谍，防御攻击还需依靠完善的策略和各方的积极努力。千金易得不易守，庆幸的是，目前绝大多数企业已经重视并积极开展了内部系统的安全整治，逐步开始正视并防范包括商业

间谍在内的窃取式攻击。专家提醒：信息化时代，发展之时勿忘安全为先。将保障做足，企业便可获得安心的环境，获得长足的发展。

重点严防

作为企业，在高科技时代的生产经营中，要防止商业机密的泄露，有两个重点人群，一是盯紧黑客，二是教育员工。

2011 年 IT 届最为轰动的事情莫过于索尼的 PSN 用户信息泄露。此次索尼 PSN 在线被黑，受影响用户多达 7700 万人，涉及全球的 57 个国家和地区。有报道认为这是有史以来被公开的最严重的信息泄露事件。索尼因此可能会损失数百亿美元，并将面临众多诉讼。随之而来的花旗银行、IMF、美国联邦政府等政府部门也难逃厄运，纷纷被黑。而黑客攻击这些网站的原因也很挑衅——看不惯政府的某些行为。暂且不说这些企业或政府机关的网络安全措施是否齐全，以及带来的损失有多巨大，这些事件最应该让我们警醒的是如何保护自己的数据信息。

对一个企业员工来说，或许想象不到他的一个鼠标点击动作就有可能为企业带来巨大的损失。比如，发错邮件、点击了带有木马或后门的链接、下载了带有恶意软件的应用等，这些日常的网上动作都给企业机密数据的泄露带来了可能。另外，智能手机、平板电脑日渐流行，企业网一般都是让这些设备畅通无阻的接入内部网络，这也都是数据泄露的可能途径。

必要的警示信息

企业对于员工带来的有意或者无意的数据泄露，应当及时纠正，并列为当务之急。你可以不让员工用 U 盘拷，不让他进行打印，不让他进行截屏，但你能阻止他用手机拍照吗？是的，通过技术手段是无法完全阻止员工的这种行为的。既然数据已经到达了员工的手上，就说明他对这些数据已经有了知情权，同时，企业也应该承担数据泄露方面的风险。那就应该这样任由风险存在了吗？大部分的员工是无意泄露了数据的，恶意偷窃的比例非常小。针对这种情况，对员工的教育与管理更加有效。

一旦用户有意或无意地要泄露包含隐秘信息的数据时，如果有一个明显的警示信息去提醒他，效果非常有效。如果只是通过技术手段去拦截包含隐秘信息的数据，用户尝试发送这些隐秘数据的次数是不会减少的。相反，他会认为是不是网络不好？是不是发送的文件格式不对？然后继续进行发送。如果用户发送此类数据时，公司在用技术手段进行拦截的同时，再给他一个警示说此类信息无法进行发送，或者你发送的内容属于公司机密，这类数据发送的次数会下降很多。这类解决方案是经过证明的非常有效的方法，属于系统防护的最佳实践方案。

这种现象表明，对于员工的警示和教育必不可少，一个使用的 DLP 方案应该在用户发送可能导致数据丢失的邮件之前提醒他们。安全策略不应该只是技术层面，对人员的教育和管理往往会起到事半功倍的效果。因为一个企业中，最难管理的往往是人员。

防护中的双刃剑

Web 2.0 应用的火热程度已经完全超越了安全措施的更新程度。企业正面临日益增多、千奇百怪的新型互联网威胁，例如恶意软件、网络钓鱼、木马程序和键盘记录器。然而一个新趋势是，Web 2.0 应用程序及移动设备中的富媒体功能将会使得隐蔽强迫下载及混合攻击增加。例如，社交网站上的嵌入视频及其链接成为了黑客频繁植入恶意软件的目标。

Web 2.0 已经成为了一个不可或缺的商业工具。用户在 Web 上冲浪、分享信息、下载文件、聊天、更新博客或观看视频等，这些事件平均占据每天工作时间的 1/4。但是目前的许多 Web 应用都存有漏洞，厂商却没有相关的防护措施。传统的基于 IP 层的防火墙和 URL 过滤等工具在 Web2.0 的环境中显得有点捉襟见肘，因此针对应用层的安全防护就显得尤其重要。

对症下药的措施

对于员工带来的恶意偷窃问题，虽然比例较低，但因为其带来的损失往往也是巨大的，企业需要特别注意。解决这类问题，需要对企业的数据进行严格的权限划分，什么人能够访问什么数据必须具有严格的审计流程，并且要有相关的访问记录。针对各种存储设备的加密技术是一个完整 DLP 方案的必不可少的部分。例如，国内专注于数据防泄露的安全厂商虹安，就有专门针对笔记本电脑、移动设备、文档、源代码以及 U 盘等的全面的解决方案，取得了国内大批用户的信任。另外，Check Point 的媒介加密和全磁盘加密技术以及赛门铁克的 DLP 解决方案，都可以防护针对移动存储设备丢失带来的数据泄露风险。

而对于员工有意或者无意造成的数据泄露，最有效的方式就是在用技术手段拦截包含隐秘信息的数据时，还要有一个明确的警示信息。同时，安全应该贯穿整个业务流程，首先要教育员工充分了解安全环境及企业的安全策略；其次要有好的技术解决方案来帮助员工参与安全进程，并不断提醒他们避免失误。基于此，Check Point 提出了 3D 安全的概念，将政策、人员与执行力完美结合，提供全方位的安全防护。而作为实践 3D 安全的 R75 方案，其中的 DLP 软件刀片利用 UserCheck 技术能够使用户对事件进行实时纠正，并且对用户进行关于数据防泄密政策的教育。

单纯地对员工进行管理和教育又被发现是没有意义的，必须先保证基础的网络安全防范设施。在基础网络缺失的情况下，即使部署了 DLP 解决方案，防护效果也往往不理想。所以，企业必须首先保证由外而内的网络安全，才能防止由内而外的情报或重要信息泄露风险。

对于一个企业来说，在构建数据泄露防护系统的时候，不单单是要采用技术手段，同时还要通过安全策略来教育员工。同时，一个数据泄露防护系统是在企业构建了完善的安全基础设施和完善的内容安全系统之后，才能够发挥其良好的效果。

关上漏风的窗

危险可能无处不在，未雨绸缪的管理防范可能更为奏效。

诚然，信息安全不是一个部门的事情，而是需要在信息形成时期，就开始安全防护。企业的责任，是根据机密的价值，设定保护的成本，以被保护商业秘密的价值，来确定适合的保护范围。

在几年前，可口可乐曾出现过员工出卖公司资料的事件。总部设在纽约的可口可乐公司向百事可乐提供了一份邮件复印件。而该邮件是用可口可乐正式商业信封寄往百事的，寄信人“德克”自称为可口可乐高层雇员，并提供了“十分详细的机密信息”。

可口可乐立即与联邦调查局取得联系，后者当即展开了秘密调查。此后，这个自称“德克”的泄密人又提供了另几份被确认为商业机密的可口可乐绝密文件，并提供了一份机密的可口可乐新产品样本。

几天后，一名联邦密探提出以150万美元向“德克”购买其他商业机密。后被证实这个机密为可口可乐正在开发的新产品样本。最后，3名嫌疑人得到了应有的惩罚，而可口可乐公司也重新审核了其资料保护的相关政策、程序及制度，以确保知识产权不受侵害。

一个U盘就能带走你一年研发的成果，一份邮件就能将你的整个商业计划全盘托出，两句网聊就能让你的员工轻松吐露企业研发的最新成果。在企业高管事后懊恼因为疏忽而导致企业心血付诸东流的时候，他们往往开始同期关注企业内部那些细枝末节的信息安全管理漏洞。

企业防范要细化到位：与核心员工进行的竞业禁止协议的签订，电脑硬盘的管理，离职前的交接，客户信息的集中管理等。

道德是约定俗成，法律是明文规定。道德谴责可以通过舆论造势，但是不能解决根本问题。

没有哪家公司希望将自己的情报部门大白于天下，所以最好的方式是做好自我防范，而非与竞争对手陷入两败俱伤的局面。

对于信息的流失，国内可能还没达到高度关注的地步，人们更加关心的是那些掌握企业核心机密的高级技术人员的流失。但人员的流失又是无法避免的，当前企业只能加强对核心机密的管理工作，对于公司来说，为防止泄露机密，经营数据的传播范围都应有严格的规定。

现在，在企业中，已经有大多数公司开始尝试为机密文件加载防止拷贝的软件，且分割条块。而这一举措最早是会计师事务所的操作惯例。那些通过稀释而获得保密的重点不是已经成熟的技术，而是正在研发的技术和核心的新技术。对于研发、财务、信息系统等核心部门，更要注意其人员的素质水平，不仅要注意管理和激励，更要让他们感受到信任和责任感。

由于一个项目的开发需要众多人的合作，如果部门之间完全没有秘密，那么公司也就没有秘密了。因此，有一个重要的保密原则就是稀释核心机密，让需要的人只知道可以知道的东西。

有一家跨国餐饮企业在日常管理中，往往是将一定的事项方案和计划分成若干部分和环节，如同一个生产流水线，每一个人员只清楚特定环节的操作方式以及相关事情，谁也无法洞悉全部。

更重要的是，按照大多数公司的明文规定：若是公司供应商或是合作伙伴中有直系亲属，要向上报告，若是有直接利益冲突和利害关系，则应当主动申请调离。

相比之下，国外的信息防患意识远远超出国内企业。

很多公司都能遇到“落井下石”的窘境，或者是被竞争对手成功刺探了信息。在法律保证的前提下，公司的“防范”至关重要。

我国目前的法律对盗取商业秘密的制裁大多是针对个人行为。作为一个企业，明知竞争企业员工跳槽或者以其他方式，把对方的商业秘密拿过来。在这种情况下，企业应该为自己的行为承担连带责任。

随着商业机密的重要性日益显现，商业间谍的手段也会日益高明。因而给商业间谍设一道防线，已成为未来市场竞争必不可少的一课。

注重防范细节

细节决定成败。商业间谍人员很重视细节搜集，任何一个微不足道的细小情节都可以引起商业间谍的兴趣。

“保住秘密就保住了市场”，这是可口可乐的座右铭，秘密指的是可口可乐的神秘配方。对一个企业来说，保住秘密可能也就保住了自己的经济命脉。因此，防范商业间谍也是企业的必修课。

商业间谍未必有通天彻地的本领，至少80%的情报可以通过公开渠道获得。除了用必要的技术手段来防范偷拍、窃听、网络入侵等间谍行为外，也不能疏忽常见的细节。不要随手将敏感性资料扔在桌上，也不要使用共享打印机来打印敏感文件。在公共场合大声讲工作电话和把钱包扔在地上没什么区别，同样的危险还有在公共网络区域登录内部网站。有的公司处理旧电脑时将硬盘格式化后卖掉了，而要让硬盘不泄密的唯一方法就是把它毁掉。

对于经常在公众场合出现的商界人士，要注意自己的措辞。没有一家媒体喜欢满嘴套话的采访对象，但有时候，套话的确是保护秘密的最佳方式。如果摄影师在你的办公室内拍照，要注意镜头中有没有你不希望出现的图表或者产品样品。

最关键的是，人的大脑也是很好的存储器，即使最信任的人，也不要告诉他不应该知道的信息。

在一个企业内部，无论是战略部署和决策，还是具体业务的操作，任何一个可能的细节都要守护自己的商业秘密，否则，任何一个细节都会被商业间谍留下可乘之机。

在企业的日常流水式业务操作中，细节可谓千千万万，但其中最关键的细节主要有以下一些。

细节 1：打印机——老掉牙的办公设备，但也是泄密的罪魁祸首

回顾一下打印泄密的历史事务就能够发现，在上世纪 80 年代曾经发生过这样一起极其轰动的案例：美国一家享誉全球的纺织企业 A 公司，花了 10 多年时间潜心研发出的一款新的纤维合成技术，然而却被最大的竞争对手——某日本 B 公司抢先向全世界发布了这项新技术。

警方在长达两年多的调查中发现，原来 B 公司也在这项生产技术研发上面投入了很多年的时间和人力，但是在研发中碰到了很多技术瓶颈始终无法突破，他们深知 A 公司有这样的实力，于是他们决定在 A 公司布置间谍，而 A 公司董事长的女秘书因为消费观念很前卫、虚荣心非常强，生活历久、入不敷出、思维缜密、职位高等特点让 B 公司觉得她是最合适的间谍人选。于是重金收买了她，在 A 公司布置了这样一个超级密探，时时把握和传送 A 公司的首要信息，尤其是对于那项新技术的研发进展。

因为窃密事件重大，所以这位女秘书非常慎重，反复权衡泄密方式后，她运用她丈夫提供的密码破解技术破解了董事长的电脑密码，将新技术的焦点研发资料打印出来，通过快递邮寄的方式完成了这次重大泄密事件！泄密事件给A公司造成了难以估量的经济损失！这个事件警示忽略打印泄密的企业。办公打印尤其是复印机技术飞速发展，更新换代速度快，时刻提醒企业应当做好对打印文件的保密工作，对这些传统的文件更不容忽略。

即使是激光打印机，也有10秒以上的延迟，如果你不守在旁边，第一个看到文件的人可能就不是你了。大部分的现代化公司都使用公用的打印机，并且将打印机、复印机等器材放在一个相对独立的空间里。于是，部门之间的机密文件就正式从设备室开始，在其他部门传播。

提醒：守住你的打印机，如果你要上厕所，那么不要用统筹法在上厕所前按下打印键，节约的只是数十秒，丢掉的可能是更多。

细节2：打印纸背面——“好习惯”换取的大损失

节约用纸是很多公司的好习惯，员工往往会以使用背面打印纸为荣。其实，如果我们中的某位有心人将“背面带有文字的废纸”搜集在一起，往往不费吹灰之力就可以知道董事会的决议、办公会的决定。既详细又准确，活脱脱一份呈阅领导过目的文件。

提醒：重要文档不要打着节约的幌子，就顺手纳入到废物利用的行列！

细节3：电脑易手——了解新公司最好的渠道

几乎所有的白领可能都有过这样的经历：如果自己新到一家公司工作，在前任的电脑里漫游是了解新公司最好的渠道。在一种近似“窥探”的状态下，从公司以往的客户记录、奖惩制度、甚至前任的辞呈，很多事情“尽收眼底”。一切历史机密，统统泄露！

提醒：电脑部的管理人员将工作资料清空再格式，小心驶得万年船，况且这只是举手之劳。

细节4：共享——做好文件再通知窃取者

电脑操作者将文件放在电脑共享后，不少人喜欢留言“文件在共享，自己取”，对方应答后或许加以拷出。没错，是好方法，但你共享后，你记住删除了吗？对方删除了吗？问 100 个人，大概 90 个人不敢说自己都删除了，事情一多，谁记得这个？

提醒：要么不用共享，要用的话，记住删除你的共享文件，或者提示一声“拷贝完就删”。

细节 5：新进培训——无所保留只会有所失望

新员工进入公司，大部分的企业会对新员工坦诚相见。从第一天开始，以“更快融入团队”的名义，新员工就开始接触公司除财务以外所有的作业部门，从公司战略到正在采取的战术方法，从公司的核心客户到关键技术。但事实上，总有超过 1/5 的员工会在入职 3 个月以后离开公司。你的竞争对手了解你，只因为你举办的一次招聘会。

提醒：培训是好事，但对新员工而言，重要的是基础培训，而不是一切信息告知。

细节 6：传真机——错过的往往是最重要的

传真永远不及时，尤其是使用公用的传真机，你往往望眼欲穿也可能错过传真。你一定要求过对方重新发送，同时，你肯定也错拿过别人甚至领导的重要传真。而这些最重要的信息自然也可能通过这个渠道流落出去。

提醒：传真机一旦公用，就意味着你应该小心“信息失真”，最好的办法也是最笨的办法，专人负责，如果没有专人，那么不妨做个守株待兔的“农夫”。

细节 7：公用设备——不等于公用信息

人们经常公用 U 盘、软盘或手提电脑。如果“有心人”把 U 盘借给公司的财务用，在对方归还的时候就有可能轻易获得本月的公司损益表和税收明细。商业竞争对手完全可以把你的家底摸清，甚至会向税务部门举报你的偷税漏税。

提醒：部门内通用的设备要设定权限，每次使用公用设备后一定要做好清除工作，这样也是对自己使用公用设备的一种负责。

细节 8：光盘刻录——资料在备份过程中流失

如果想要拿走公司的资料，最好的办法是申请光盘备份，把文件做成特定的格式，交给网络管理员备份，然后声称不能正常打开，要求重新备份，大多情况下，留在光驱里的“废盘”就可以在下班后大大方方带出公司。

提醒：光盘备份要谨慎，严格控制，网络管理员要亲自负责监管，为了保证其细心负责，监管工作要纳入到日常工作考核中。

细节9：会议记录——被忽视的黄金

秘书往往把会议记录看得很平常，他们不知道一次高层的会议记录对于竞争对手意味着什么。公司里经常可以看见有人把会议记录当成废纸丢来丢去，任由公司最新的战略信息在企业的任何角落出现。

提醒：秘书没有安全意识，起码职业能力应该值得拷问，赶紧给你的秘书打招呼，下次别把你的会议记录拿去画卡通了。

细节10：客户——你的机密可能变成客户酒后张扬知识渊博的证明

一些客户喜欢引经据典来证明自己的英明，现在又流行理论结合实践，于是在一时尽兴之下，你的一些本应天知地知的机密在各种论坛、采访等各种应酬中频频曝光。

提醒：我们不能期望所有的人都是圣人，但我们也无法大度地笑看自己的隐私和公司机密一再被外人点评议论，所以，再好的客户也要“不该说的不要说，不该问的对方问了也不要说”。如果实在避免不了让客户接触知道公司机密，那么再好的朋友也务必请他签署一份规范公证的保密协议书，以便让其恪守职业道德。

细节11：入职后一星期——新人的学习期

新人在第一个星期里搜集的资料是平时的5倍，他为了熟悉公司，时刻处在疯狂的拷贝和传送状态中。只有在第一个星期里，有的新人是随时准备离开的。提防你的新员工，无论你多么欣赏他。

提醒：如果建立好了信息级别制度，那么拷取的也只是边角碎料，不会造成重要信息的泄露。

细节12：合作后半个月——竞争对手窃取情报的惯用手法

在初次合作的半个月里，你对信息安全的谨慎只能表明企业做事的严谨，可以赢得大部分客户的谅解和尊敬。除非，他是你的竞争对手。

提醒：合作的人不都是远方的贵客，多个心眼，总没错的。

细节13：私人电脑——长期窃取公司资料必备手法

只要把自己的笔记本电脑拿到单位来，连上区域网，只要半小时，就可能有1G的文件被轻松带走。

提醒：请出信息限级的招数。

细节14：宣传、接待——“主动”的泄密

不少企业在对外的宣传报道中唯恐人家知道得不全面、不具体，在接待过程中唯恐人家说不热情，有求必应。在不知不觉中，造成了秘密泄露。有一家电子企业设计成功国际独有的高灵敏度电子信号接收馈线，外商极感兴趣，与其签订了“合资生产意向书”后，中方忽视保密，多次接待外方参观，提供资料，外方掌握了全部技术工艺后，在美洲生产出同类产品，意向书成为一纸空文。

提醒：接待的贵客中可能也夹杂着阴险的豺狼。最可恨的就是，善良的企业家们对于打着招商、引资、业务洽谈、招标等旗号的客人，往往放松了警惕，好吃好喝招待之余，生怕招待不周，于是，一些有心的客人，就顺其自然地，借参观考察之机对生产设备、工艺流程进行录像、拍照，并套问关键技术，索取相关资料，窃取商业情报。

细节15：合资、合作的幌子——打着引入资金的路子进行窃密

不少中方企业都吃过假合资、真窃密的苦。通常的中外合资中，外方以资金入股，中方以技术、土地、厂房等入股是一种惯用的投资方式。但对于用何种技术入股，如何保护有秘密性的技术，则忘记或忽略了，一不小心技术就被忽悠泄露了出去。

某大型石化公司研究所在西气东输过程中，与境外某公司共同组建一股份制公司，该石化公司以其专有技术入股，占20%的股份。然而，股份公司经营不足半年就垮了，该研究所的技术成果没有得到一点回报，而其他合作方却因掌握了该技术而自行办厂，效益丰厚。又如，某市一家粮油公司在对花生加工设备的技术改造中取得突破性成果，由于忽视了保密，没有将其作为商业秘密采取一定的措施去保护，被打着合作幌子的日本一家企业套走了技术资料，抢先申请了专利，反过来状告被害方侵权，要求赔偿，使这家企业干吃“哑巴亏”。

提醒：即便合资、合作成功，你的技术专利算成钱入股的情况下，你也要明白，如果合资、合作对手不诚实，技术也不一定能产生效益，甚至反被他人窃用。

慎重选择合资、合作对手，不要因为对方答应你的技术入股，就以为万事大吉！

桌上的一页办公纸，地上的一个烟头，甚至企业领导者的一个口语，等等，举手投足之间，足以让情报偷窃者据为盗取情报的重要突破口，这正是人们常说的细节就是魔鬼。

公司之咬

1995 年 8 月 7 日，曼诺科技资讯公司负责人约翰·曼诺，开始与我国台湾永丰纸业公司业务开发经理周华萍女士，以及该公司顾问——一位名叫徐凯乐的男士，进行电话、电传等来往甚密，商讨由曼诺公司为永丰公司引进美国技术。

1995 年 11 月 6 日左右，曼诺接到周华萍的电子邮件，说有两家至四家的台湾厂商有意取得“汰癌胜”的配方和制药技术。“汰癌胜”是种液状注射抗癌药物，由必治妥公司独家制造和销售，该项制造技术是必治妥花费 1500 万美元的巨额经费才研究开发出来，每年出售药品所得以上亿美元计算。汰癌胜的技术是受到必治妥公司严格保密的科学过程和程序，员工不得向公司以外人员透露有关此技术的资料，绝不许接受公司以外人员的利益，以透露汰癌胜的技术为交换条件。必治妥公司若失去对这种研究的独家控制权，将遭受十分严重的损失。

1996 年 2 月 27 日，曼诺应徐凯乐之邀，在洛杉矶大饭店见面。徐凯乐在谈话中透露，永丰公司目前正在进行多角化的计划，其中一个主要方向是研究生物科技及引进新技术到台湾。他说，周华萍在永丰公司兼差，还在生物科技发展中心兼职。曼诺看过文件，知道这个研究中心重点是促进台湾生物科技工业的成功。曼诺说，必治妥授权或合资都不符合必治妥的利益。徐凯乐说：“我们另有方法”，然后鼓励曼诺与必治妥的科学家接触。永丰纸业企图由其本身或另外相关团体，取得必治妥专有的有关汰癌胜和紫杉细胞培养过程的业务机密。曼诺说，必治妥一名科学家愿意出售汰癌胜的技术。

这样，曼诺与徐凯乐和周华萍就围绕取得业务机密的一系列问题，包括台湾方面应当付出的价格和作出的保密承诺，进行了多次讨论。

1997 年 3 月，曼诺收到周华萍从台湾传来的电子邮件，她列举了永丰纸业想购买的汰癌胜科技，包括制造汰癌胜所需生物反应剂的设计和组合，制造时光线和媒介的要求，制造过程所有其他的相关资料、规模和生产科技。

4 月下旬，曼诺与在台湾的周华萍通电话，她公开承认双方所讨论的事是窃取商业机密。她不断说要保密以保护自己、徐凯乐和曼诺，以免被起诉。她要曼诺毁灭电子邮件，并与曼诺讨论付款方式。双方初步讲好台湾方面支付 20 万美元头款，以后每月支付 1000 美元，承担所有的旅行费用，还要支付一个百分比的利润，整个交易数额将在数百万美元。

5 月初，曼诺与徐凯乐通电话，徐重申永丰公司要向汰癌胜方面发展，并达成保密协议。徐凯乐说，买主要求与必治妥的科学家见面。

5 月下旬，徐凯乐说，他将于 6 月 14 日抵达费城，一位王小姐和一位何教授要同来验货并要与必治妥的科学家见面，王小姐和何教授与他共事甚久，完全了解本案。

5 月 23 日，徐凯乐从台湾传言给曼诺，表示二人在与必治妥科学家见面时将不会介绍或交换名片，并且要求科学家准备足够的文件。

5 月 28 日，曼诺又收到徐凯乐从台湾传来的信，敲定双方将在费城见面，他将于 6 月 6 日离开台湾，在费城见面前，请曼诺留话在他的费城旅馆。

6 月 14 日，曼诺和愿意出售情报的必治妥公司员工在费城一家饭店见到徐凯乐和他带来的何小台教授和王丽华小姐。曼诺先和徐凯乐私下交谈，徐称何小台是买主的亲戚，拥有博士学位，具有生化背景，对汰癌胜很熟；王丽华则是直接对买主负责的技术人员，买主是大“公司”。

后来，曼诺和徐凯乐等人一起交谈，曼诺强调这次见面很敏感，必须保密以保护当事人。曼诺说明，必治妥科学家一方面愿意出售机密，另一方面又不希望被他人知道。何小台表示，徐凯乐已经对他们说明一切。曼诺向徐凯乐和何小台出示要和他们见面的科学家之必治妥员工的识别证，由于被黑色条码遮住，他们看不到他的姓名。

其后，曼诺介绍的必治妥公司科学家和徐凯乐等三人见面，曼诺介绍时都未提及大家的姓名，徐凯乐则自称“柴斯特”。曼诺再次强调必须保密，否则被发觉大家都麻烦。曼诺告诉必治妥公司科学家，交易保证不会出问题。

必治妥公司科学家对柴杉细胞培养过程技术及汰癌胜的生产背景提出口头说明，他同时拿出一些技术过程及科学资料，上面清楚注明必治妥公司，并盖有机密字样。徐凯乐等三人看过文件后，必治妥公司科学家告诉他们这只是样本，自己可以拿到全部，何某表示相信他说的话。接着，何小台和王丽华问了许多有关技术的问题。

何小台询问必治妥公司对这项技术投资多少钱，必治妥公司的科学家说，研究投资和知识产权都是数以百万美元计，必治妥公司只有少数人能接触这个资料。

何小台当天提及一件一家公司盗用其他公司技术被诉的案子，并担心必治妥公司也可能采取相同行动，但他又说即使公司如此做，这也是他的公司在全球打开知名度的良机，而且必治妥公司也有可能私了。

当时，徐凯乐还询问有关在此方面与必治妥公司从事合资或取得授权的可能性。曼诺和必治妥公司科学家表示，这件事绝无可能。何小台对必治妥公司的科学家说：“我知道你在这方面冒了很大风险。”必治妥公司科学家告诉徐凯乐和何小台，在实际技术转移情况下，要敲定合法交易，两家公司必有数百人涉入，不可能在这儿办妥。必治妥公司科学家说，必治妥不会允许他们公司的技术被其他公司用来从事与自己竞争的事业。徐凯乐继续向必治妥公司科学家询问有关设置数个 15000 公升之生物反应器的技术问题，以及所需的成本。徐凯乐对他们从事初期投资及投入设置成本后，回收的速度如何，也很感兴趣。

正在双方快要达成交易时，联邦调查局的警察们闯了进来，将徐凯乐和何小台逮捕。

事后人们才知道，那个曼诺科技资讯公司负责人约翰·曼诺，正是美国联邦调查局警员哈特曼乔装而成的，他的任务就是专门等待商业间谍的光临。1995年8月7日开始，至1997年6月5日为止，哈特曼与徐凯乐和周华萍通过各种方式联络的135次记录，其中包括39次电话传真、约79次电子邮件、约10次电话、约6次信件来往，以及与徐凯乐一次当面交谈，都成了联邦调查局的证据记录在案。

公司被“钓”

1982年6月22日，美国加利福尼亚州的硅谷内烈日炎炎。在接近巴威士林荫大道上，一辆橘黄色的运货车停放在一幢两层楼的前面。第二层的229号门上有几个字“格兰玛合伙公司”。公司办公室是一个套间，此时通向里屋的门紧关着。总裁艾兰·哈里森站在外屋的窗前，当他看见那辆橘黄色的运货车后，拉了拉领带，转身对律师理查德·凯里甘说：“他们来了！”随即，哈里森挥手让女秘书玛丽坐在门口处的接待桌旁。该公司成立以来最大的一宗买卖就要成交了。

片刻之间，门铃响了。门开后，两名日本商人走了进来。他们是日本日立公司的管理人员，一位叫小林健二，另一位叫大西依桥。小林是六个月前认识哈里森和凯里甘的，当他得知格兰玛公司可以得到国际商业机器公司（IBM）的秘密情报乃至仪器设备时，便表示了合作的愿望。众所周知，日立公司是IBM公司在世界市场上最可怕的竞争对手。

打过招呼之后，哈里森便让两个日本人观看了一台新型的电子计算机和一些绝密设计资料，其中包括IBM公司最新的、尚未公布的、能量最大的一种计算机设计说明书。日本人为了得到这些情报，已向格兰玛公司预付了50万美元的酬金。

两个日本人显得踌躇满志，春风得意，正在喜形于色地验收着设备和资料。

“把那个IBM的商标弄下来！”小林对大西说。

“他们在等着呢。嗯，是汤姆在那儿等。”大西望了望窗外。

“汤姆”，哈里森认识，那一定是汤姆·吉田，全国教会联盟资料信息有限公司的总裁。在格兰玛公司与日立公司的交易中，汤姆是中介人，以便掩盖日立公司向格兰玛公司付款。此时，哈里森很希望汤姆也在办公室。他向窗外望去，说：“哦，那是汤姆的货车，我看到了。”

“你为什么不叫他上来?”凯里甘对日本人说。但是两个日本人正忙着整理资料，彼此急促地交换意见，没有听到凯里甘的建议。

这时，电话铃响了，哈里森让玛丽去接电话。

小林拿起一把钳子，对着那台计算机的商标说：“好，我要弄掉这些……”，两个日本人很顺利地拧下了计算机上的金属商标。

“我不想弄坏它!”停了一会儿，他又问：“你们弄下来了吗?”

“IBM 已经弄掉了，现在它是日立公司的财产了!”凯里甘肯定地说。

小林显得很高兴，他拿起那个被撬下来的金属商标说：“嗯，我想把这个玩艺儿……”

“你想作为纪念品吗?”凯里甘插言道。

“……作为献给中泽博士的礼物。”小林直言不讳地说，中泽喜三郎博士是小林的老板，日立公司最大计算机厂家的总经理。

“噢，我很开心。”大西又开始撬另一个 IBM 的商标。屋里出现短暂的沉寂，哈里森大声说：“让我们干吧，因为汤普森就在里面。”

日本人丝毫未注意哈里森莫明其妙地提到了他不认识的汤普森，而是继续干着。

哈里森又在提高嗓门喊着：“让我们继续干吧！……让我们继续干吧!”

这时，汤普森正和联邦助理检察官瓦德一起，带着五名特工人员正守候在格兰玛公司的套间里。由于他们正在全神贯注地监视并拍摄外屋当时所发生的一切，竟然忘记了行动暗号。以致连“哈里森”——实际上是位伪装的联邦调查局的特工人员第一次说“让我们干吧”这句暗语时，谁都没有注意到。当“哈里森”第四次重复这句话时，瓦德恍然大悟道：“这是信号，咱们出去吧!”

两个日本人被突然出现的不速之客吓呆了。汤普森说：“你是大西依桥先生吧？我们是联邦调查局的，你被捕了！”大西被这晴天霹雳震懵了，手里仍拿着钳子。汤普森让两个日本人靠墙站着，接受搜查，戴上手铐。

“你们因共谋走私出境而被捕。”一名特工人员宣布道，然后他用英、日两种语言，宣读了“米达兰警告”。

这次事件，立即轰动美国和日本。该案后来在美国开庭审理，双方都不愿将事态扩大，最终达成辩诉交易：日立公司被罚款 10000 美元，小林被判处罚金 10000 美元和 5 年缓刑，大西被判处罚金 4000 美元和 2 年缓刑。

刑事审判结束后，日立公司与 IBM 公司的民事诉讼，达成了日立公司向 IBM 公司支付约 3 亿美元赔偿的秘密协议。

日立公司在美的刑事、民事二案，均以日立公司“走麦城”而终结。

反窃罗网

1971 年，梅利斯从美国西弗吉尼亚大学微生物学专业博士毕业后，立即获得药业界巨头莫克公司的高薪聘请。后来在该公司，他参加了 IVERMECTIN 的研制，这种新药可以杀灭牛身上的寄生菌和狗心脏上的寄生虫。新药于 1981 年面世后驰骋药市，梅利斯博士也有点飘飘然了，认为自己晋升太慢，薪水太少，便得陇望蜀，于 1982 年改换门庭，跳槽到美国医药界另一巨头帕劳公司。临行前，他私下带走了极其珍贵的 IVERMECTIN 的研究资料。

梅利斯来到帕劳公司便担任了一种干扰素的新药开发项目负责人，这种干扰素能够有效治疗肝炎和某种癌症，可望实现医药学方面的重大突破。由于梅利斯与同事人际关系紧张，负责公司科研工作的副总裁布尔洛克担心会影响干扰素的研制进程，遂于 1985 年初，以公司需要改组为名，将所有不服从梅利斯领导的微生物学家统统调到另一个部门，另建研究小组。改组后的梅利斯从全面负责人变为只负责管理干扰素研究项目中的发酵小组，工资津贴连降两档。

1987 年，梅利斯主动提出辞职，又私自带走了大批有关干扰素制作过程的秘密资料。1989 年，意大利化学家马里奥·米斯西欧向他表示，愿意到国际市场上帮他出卖商业秘密。米斯西欧自己有一家小公司，即生物制药研究股份有限公司，他们便用这家公司作掩护，梅利斯出情报，米斯西欧出力，二人一拍即合。

米斯西欧很快就物色到一家小化学企业的老板，此人在历史上曾经出卖过医药情报。这位老板在约定的期限内给了米斯西欧一个答复：他已物色好一位潜在的买主，自己愿意充当经纪人，拿些好处费。1990 年 1 月的一天，在米斯西欧的生物制药研究公司，那位老板与随行的“买主”斯蒂夫勒按约来访。斯蒂夫勒直截了当地询问米斯西欧和梅利斯，是否确有药品情报。米斯西欧说：“我们有好几种重要药品的情报，不知您对哪一种有兴趣?”

“有没有治疗癌症的药物?”斯蒂夫勒问道。

“哦，当然有啦。”米斯西欧还告诉对方，“我们还可以提供一种干扰素的生产配方。”

斯蒂夫勒大表赞叹，问他还有什么配方。

米斯西欧低声道：“我们还可以提供一种最新的抗胆固醇药品，名叫 LOAVERSTATN 的生产配方。”

斯蒂夫勒对米斯西欧和梅利斯的“货”表现出极大的兴趣，并推出自己的幕后伙伴，一位“神通广大的亚特兰大经纪人”。

根据三方的约定，在费城机场附近的马里奥特旅馆，“亚特兰大经纪人”保尔·海斯与他们会了面。后来经过多次会面，多番还价，双方同意以 150 万美元的价格成交一种寄生素配方。为了证实手中确实有货，梅利斯和米斯西欧先以 2500 美元的价格出售了几页配方图示，这些绝密资料的来源正是莫克公司的。寄生素的生意谈成后，海斯立即要求商谈干扰素生意，声称有一位外国主顾愿意出最好的价钱购买干扰素配方：“他财大气粗，开口就说 1000 万美元的价格也可以接受。”

1990 年 8 月 10 日，亚特兰大银行大楼的一个秘密会议室。梅利斯和米斯西欧准时来到，米斯西欧右手提着一个黑色公文箱，里面是标着有关干扰素所有情报目录的 29 页报告。早已等在那里的海斯带来了装有现金的箱子。三人围坐在会议桌旁，开始最后交易。

梅利斯将那份报告从桌面上推向对面的海斯："我想这就是你们期望得到的东西。"米斯西欧得意地微笑道。

海斯瞥了一眼桌上的报告，缓缓地站起身来说："请给我两分钟时间，我想让等在门外的一位专家核实一下内容，可以吗?"

海斯把钱箱留在室内，拿起报告退出房间，交给就在门外的那位"专家"。当海斯重新回到会议室时，身后跟着一小队身材魁梧的联邦调查局特工人员："我们是联邦调查局的。你们被捕了!"

原来那位老板一开始就将情况告诉了莫克公司，"买主"斯蒂夫勒就是莫克公司负责保卫工作的。莫克公司与帕劳公司将情况报告了联邦调查局，在该局的导演下，莫克公司和帕劳公司联手编织了一个圈套，海斯和那位"专家"都是联邦调查局的特工。

几小时后，联邦调查局搜查了梅利斯的住宅，搜到了成捆的分属于莫克公司和帕劳公司的秘密文件。

1991 年 9 月，法院判处梅利斯和米斯西欧盗窃、贩卖情报罪名成立。时年 57 岁的梅利斯被判监禁 9 年，米斯西欧被判 5 年零 3 个月徒刑。

保密的铜墙铁壁

现在，越来越多的企业，在对员工的上岗教育中，要求遵守一个共同的信条就是："谨言慎行"。新员工进厂的宣誓书写着：不在任何场所谈论技术秘密；在职人员参加一切活动，均不准触及秘密情况；同行如果问及，要明确拒绝；无法回避时，宁可退席。在其公司内部，一切秘密设施都由专人管理，另外，还设有专职安全保密管理人员，日夜监督保密情况。

本田精工现在已独占了手表零件的供应市场，但是本田精工的董事长本田秀行在教导新老员工中以身作则，一言一行都是小心翼翼。他不时对部下说："干我们这一行，嘴巴守紧一点，比什么都重要。"

不轻露口风在商战中是极其重要的。本田秀行曾斩钉截铁地说过以下一番话："我们的工厂一向不给人看。一方面，只要是专家，看了马上就会知道厂中诀窍；另一方面，保密也是我们能提供给买方的一个销售特点。”的确，向本田精工求购零件的买方，不必担心会在零件采购单上，泄露自己正在制造新产品的秘密。

有一家企业，它利用一台电子看守装置防谍保密。深夜，设计厅、行政大楼和实验室里一片漆黑，大门都上了锁，通往特别重要场所的大门封上了火漆。这时，在四层楼上有一位不速之客。他一声不响地在走廊上走着，一间接着一间，稍加拨弄，所有的门都在他面前大开。这个人慢慢地接近一间屋子，在这间屋子里，特制的保险柜里收藏着工厂的“圣物”——特别重要的技术资料。这时，地下室里坐着一个人，他面前有一个斜面台，斜面台上一个红点是大楼的平面图，斜面台上的一个红点在慢慢移动，这个红点在追随不速之客。值班员不时地接通内部电话，继续注意红点的移动。不速之客终于走到了目的地。在半明半暗中，他的面前显现了保险柜的轮廓，但是当他走近保险柜时，一道强光击中了他的脸，这位工业间谍的生涯就此结束。国外有些企业为了保密，甚至像战争时期制定自己的独特的秘密联络方式，最常见的是书信、电话、电报的“密语”。如用蔬菜名代替与你单位发生关系的企业；用蔬菜价格的倍数代表商品价格；用天气变化代表行情；用水果名称代表人名等等。

参与国际贸易应遵循若干基本原则，其中有一条就是要提高警惕性。安全问题是每个外销人员面临的最严重的问题之一。我国许多外销人员在国外受到经济间谍的策反或控制，恰恰就是他们没有注意这些简单得不能再简单的“注意事项”。

在资源有限的客观条件下，将自己生意兴隆的生产、管理、经销等资源或信息拱手让与他人无异于置自己于死地。鉴于此，国外企业都十分重视商业秘密的保护，具体措施有以下方面。

1. 门卫管理措施

除了应登记及佩戴出入识别证外，通常要由被访者亲自将来访者带入公司，不允许来访者任意自由走动；接待部门设置电视屏幕监视系统，就入口及各主要通道，实行控制管理；接待人员配有无线电话，可随时作内外联络；有些公司要求来访者在接待柜台由快速摄像机当场拍照后将相片附在证上，精确度要求极高；有些公司甚至在来访者入内及结束离开时，检查来访者所携带的物品及文件资料；有些公司则以精密仪器或X光照射等高新技术方式检验。其防备之严，令人惊讶不已。

2. 内部监控措施

企业内部除了设有全套防盗系统外，对各个不同部门也有全天候电视或电眼监控系统。对于公司重要管制区域或重要机房重地，则以磁卡及密码双重操作方式进行，有卡无码或有码无卡的均不得入内，有时甚至以指纹、语言识别系统，来限定仅有高层人员或经手人员才有权进入。

此外，企业内部设有完全电脑化机房，里面以高科技仪器及设备由专职人员每天监视整个公司，包括入口接待、咨询中心、收发单位、管制区域及敏感地带、重要人员办公室、影印复制部门、重要机器设备、资料文件处理中心、档案室、库房、地下室、停车场等，都要进行仔细检查。

3. 信息管理措施

许多企业对内部电脑系统设立侦测监视的方法，同时在电脑内设下管制，要进入特别系统应有识别代号及密码，并且密码每周或每月更换，对任何非经授权即想进入电脑调查者，不但会拒绝并留下记录，而且可测出是由哪部电脑或终端机所进入以追查可疑者。对于企业内部使用的作业系统也做了预防措施，防止外人以网络连线方式将公司机密取走或加以复制、毁损。

在应用软件开发方面，特别是像设计开发制定程序时，公司特别注意相信安全不将公司机密载入或储进某个人档案中造成泄露，并避免在设计时被人动手脚。

4. 特殊记载措施

公司内部的机密内容，一般记在纸上，形成机要文件。但如果职工利用工作之便，或第三人以不正当方法，取去影印，并再将原件放回原处，则公司很难短期内察觉商业秘密已被外泄，待发觉时，公司已是大势已去，更无从采取迅速的补救措施。

为防患于未然，有些高技术公司即采用特殊用纸及墨水，使秘密文件无法用一般影印机复印。有些企业甚至用自创的特定语言（密码）

记载文件内容来避免其商业秘密被窃。

5. 匿名采购

生产制造企业生产产品要依赖各种原材料、零部件等，因此要与外界的原料、零件供应企业发生经常性的业务联系，企业的采购者因此有可能被供货企业有目的地诱导出各种原料的用途、用量、产品供应对象等商业秘密。为弥补这一漏洞，有些企业或职工在采购重要物资时，经常以假名或匿名从事交易行为，以避免采购者受到人情或者其他不利因素的干扰，避免外部供应企业借机知悉商业秘密所有人及其如何使用此类物资等企业秘密。

6. 训练及离职处理

工业间谍往往以企业内部职工为刺探商业秘密的对象，因此国外企业十分重视其内部职工的管理及培训。在职工入厂时，即向其灌输保密观念，并针对不同部门，定期召开讨论会，了解哪些信息是新开发的，应纳入商业秘密，使职工了解哪些项目是重点保护的，哪些是本公司的重要知识产权，哪些易被外界取得，以便在外人来厂参观、询问或对外洽谈公务时保持高度警惕。有些企业为避免侵害其他公司的商业秘密，要求新来的人员保证不使用其他公司的秘密信息。在离职时，除应办理交接手续外，还告知应维护公司商业秘密或不得加以使用。有些企业还发函给职工跳槽的公司，给以礼貌性的警告，同时要求离职人员将自己持有的文件及储存于各种媒体的信息予以销毁，或返还给公司。

7. 反诱因条款

公司制度包括人事、福利制度等，尤其是社保等福利待遇往往是职工不满或离职的主要原因。职工对公司不满，甚至离职而另创公司，更是企业秘密外泄或遭到无权使用的主要原因。因此先进国家的雇佣合同中，常常制定反诱因条款而确立合理的福利制度及人事升迁渠道，并以此作为雇佣条件纳入劳动合同中，以谋求劳资关系的和谐，降低职工（尤其是高级职员）的离职率或其泄密的可能性。

8. 商业秘密授权前考虑事项

一是在商业秘密授权的情况下，授权人不仅应获得被授权人保密，并采取适当的保密措施的书面承诺，更应要求被授权人的各个受雇人签订保密合同，并事先议定商业秘密违约外泄，被授权人应支付的赔偿额。

二是在洽谈公司购并或技术授权的情况下，拟购并或可能被授权的一方，通常有机会派遣专家到他方的工厂或就其生产技术作进一步了解和评估。在此之前，双方的权利、义务应预先规定，以免后患。如交易失败，则一方如主张其并未使用他方的商业秘密，因此仍可在相同技术领域继续竞争？另外，他方如何确保其技术秘密不因外泄而被擅用？这都需要在事先予以考虑并做出相应的约定与限制。

三是在将商业秘密授权给他人之前，秘密所有人应谨慎拟订合同，详细界定该项秘密的范围及被授权人应遵守的义务。这样可以避免出现扯不清的麻烦或打不完的官司。

关键员工的管理

在企业领导层中流行着一句行话——关键问题关键处理，关键人员关键对待。

谁是你的关键员工？谁是你未来的关键员工？关键员工在为企业带来关键效益的同时，也带来了种种管理难题。如何来管理企业中的关键员工？

比尔·盖茨说：“微软的 20 个顶尖高管一走，微软什么都不是了。”李开复之前是微软的全球副总裁，虽然李开复不是微软 20 个人之一（因为微软有 100 个全球副总裁），但他对于微软的特别之处在于，你说他重要其实未必很重要，但他一离开，微软不乐意了，为什么？因为李开复帮助微软的对手 google 去挖人了。所以，对微软来说，李开复虽然不算是微软最关键的 20 人之一，但仍算是微软的一个关键员工。

从古至今，关键员工的管理都是老板的一个心结。

对于关键员工的理解，国内企业的老板们通常讲：“公司人人是关键员工。”国外的老板一般不这么讲。例如，爱普生有一个中央人才库，老板办公室的一面墙上写着所有员工的名字，重要的员工画个标记。当然，这个只给老板自己看，其他人是看不到的。外企在这方面比我们讲究，员工关键就是关键。如果老板说每人都很关键，这话员工能相信吗？基本上没有人相信。因为首先你要想做到一碗水端平，让每一个人都觉得自己关键不太可能。你一厢情愿，对你真正关键的人还不干呢："凭什么我跟他一样？"

还有，老板认为公司没有关键员工，每个人都是本企业的普通员工，但在老板的心里，知道在一定时候，其中一些员工会成为关键员工，一些普通的岗位，也会成为关键岗位，这就看市场的发展和需求。这里，公司自有一套企业经营和管理的战略体系。但是，系统并不能抹去人的作用，越是用了这些管理系统的企业，你会发现用人更关键，因为谁能够去管理这套系统，谁就可能对企业最关键。

那么，对企业而言，什么样的员工算是公司的关键员工呢？可以从三个方面分析。

衡量关键员工的第一个重要因素是他的能量特征。员工为企业创造价值的能量，包括现在的业绩及他的特殊资源。我们有时候可能看不到内部各部门之间哪个人对企业的业绩贡献最大，财务部门对企业的业绩贡献有多大？但是按照价值链分析是可以衡量的。海尔把整个企业全部变成价值链管理，每个人都是一个小的价值链环节，都可以去评估价值。在一个企业不同的部门，他们对企业的业绩贡献到底是什么状态，不能简单地说拿单子的人才有业绩，不拿单的人一样有业绩。另外就是一些掌握特殊资源的人，平时可能看不到，但是企业碰到一些麻烦的时候就能发挥作用。

第二个重要因素是时空特征。不是所有的员工都关键，今天在你这儿一个扫地的阿姨，别以为她不关键，她走以后，从你这儿带走企业的一些垃圾，一些文件，这些到了对手那儿就是商业秘密。又如，一个秘书今天在企业，可能只是做着简单的事情，明天公司要举行一个重大的活动需要一个主持人了，秘书最合适做主持人，她就很重要。不同的事情，不同的时间段不一样。

第三个重要因素是人际影响力。不见得 CEO 是企业最有影响的人，有可能是 CEO 的秘书。这是内部的人际影响力。有的员工在内部可能影响力不够，如果今天公司把他解雇了，他去竞争对手那里却给人家创造很大的价值。这就是我们说的"墙里开花墙外香"。

一个在企业里面不苟言辞的人，可能在外面到处都能“忽悠”。但是，光靠内部和外部来评价一个员工是不是关键并不完全能说明问题，还要看发展潜力。当然，作为员工自身的发展，他今天的成本可能低，未来可能高，因为他的能力可能提高，他价值的能量提高了，他的人际影响力也会提升。

评价一个员工是不是关键，首先看他的替代成本，如果一个人在外部是供不应求，那么这个人就很难替代。还有机会成本问题，他现在正在做这个事情，企业找人替换他的话，需要多长时间才能达到他目前的水平，甚至超过他。一个替代成本很高的员工，可能当前就是关键员工。

对于关键员工管理，尤其在对企业信息情报有重要接触的关键员工，公司领导层都应很认真地从根本上解决问题。主要从以下几方面入手。

一是不玩潜规则。有很多人一讲关键员工问题就讲潜规则，员工明明关键，非要让人家觉得自己不关键。他自己如果不知道，也会有人告诉他，这些潜规则是没有用的。第二种潜规则是玩感情，对关键员工关怀照顾。情感也没有用，人家不信。中国有家非常著名的 IT 企业，家文化搞了很多年，最后开始裁员的时候终于有人写了：“某某不是我的家”。潜规则最多使用一次就没用了。我们现在讲真规则，什么是真规则？后文会提到生意规则，理性平衡的交易规则，把员工当成生意伙伴的规则。

二是实行二八定律。20% 的关键员工创造 80% 的业绩，其实大概是 25% 和 75% 的比例。对于关键员工，用增加能量的方式，让他快速成长，这个员工有成为关键员工的潜质的时候，促他一把，让他成为关键员工。

三是重视员工的能量强势。企业中一个员工的能量太强了，首先对他自己来说就是一种风险。如果一个员工掌握太多的企业资源、客户资源，哪天这位员工突然跳槽，或者出了其它意外。怎么办？从企业风险来讲，老板需要化解关键员工的权利和能量，去外化他的一些资源，搞一些简单的管理，不要害怕分权。

四是专业个性发挥。在一个企业当中，有些部门和有些岗位的人，都讲专业化分工，精细化管理。专业特强管理是一个好办法。

五是关注其他员工。无论是内部的轮岗，还是外部招聘，关注其他员工，包括那些离职的员工，有备无患。

现在企业当中，老板和员工之间已经不是支配性关系了。老板可以选择，员工也可以选择。不要以为企业都处于买方市场，关键员工在企业中就处于卖方市场。关键员工掌控了一部分资源，让你的替代成本很高，他能够向下整合，也能够给你造成很大的麻烦。

防护钥匙

几乎所有的企业都有自己的网址。因为现代营销离不开网络，越来越多的企业都已经走向了网络市场。因此，网络安全防护是进入这个市场的头等大事。

选择一种安全的加密模式

为无线网络开发的第一种加密技术是有线对等保密。所有加密系统都使用一串字符——名为密钥，对数据进行加密及解密。为了对网络上广播的数据包进行解密，黑客必须弄清楚相关密钥的内容。密钥越长，提供的加密机制就越强。WEP（网络加密技术）的缺点在于，密钥长度只有 128 位，而且从不变化，这样黑客就比较容易破解密钥。

近几年来开发的无线保真保护升级为 WPA2，它克服了 WEP 的部分缺陷。WPA2 使用 256 位的密钥，只适用于最新款式的路由器上，它是目前市面上最强大的加密机制。数据包在广播过程中，WPA2 加密密钥不断变化。所以黑客想通过探测数据包来破解 WPA2 密钥，那纯粹是在浪费时间。因而，如果你的路由器比较新，也提供了加密选项，就应当选择 WPA2，而不是选择 WEP。请注意：WPA1 适用于大企业，配置起来比较复杂；WPA2 适用于小公司和个人，有时被称为 WPA－PSK（预共享密钥）。

WPA2 消除不了所有风险。用户登录到 WPA2 无线网络时会出现最大的风险。为了获得访问权，用户必须提供名为“预共享密钥”的密码。系统管理员在构建设置网络时，在每个用户的计算机上设好了这个密钥。如果用户试图接入网络，黑客就会试图监控这个过程，从中破解预共享密钥的值。一旦他们得逞，就能连接至网络。

幸运的是，预共享密钥的长度可在 8 个至 63 个字符之间，可以包含特殊字符和空格。为了尽量提高安全系数，无线网络上的密码应当包含 63 个字符，包括词典中查不到的随机组合。

限制广播区

应当把路由器放在企业所在总部的中央，远离窗口或者总部工作地的四边。这样，就可以限制路由器的广播区。然后，带着笔记本电脑在大楼外面转一圈，看看能不能从附近的停车场或街道收到路由器的信号。

应该说，黑客使用的设备到达不了无线网络，他们也就无法闯入。有些路由器让你能够控制广播的信号强度。如果你有这个选项，就要把路由器的信号减弱到所需要的最弱强度。可以考虑在晚上及不使用的其他时间段禁用无线路由器。没必要关闭网络或 Web 服务器，只要拔下路由器的电源插头就行了。这样既不会限制内部用户对网络的访问，也不会干扰普通用户使用你的网站。

使用高级技术

如果你决定升级路由器，不妨考虑把原来的路由器用作蜜罐。这其实是伪装的路由器，是为了吸引及挫败黑客而设置的。只要插入原来的那个路由器，就不可把它与任何计算机连接起来。把该路由器命名为 Confidential，不要把 SSID 隐藏起来，而是要广播它。

采取主动

不要坐以待毙。采用上述方法来保护贵公司及数据，远离入侵者。要熟悉你所用路由器的种种选项，并且主动设置到位。

狙击偷窃

企业在市场经济中关心的是效益，而商业间谍关心的是企业情报。因此，企业要在市场中打好网络时代的情报战，学会成为守护情报的狙击手。

以下是几种最常见的间谍手段以及企业可以采取的狙击手段。

狙击1：防止伪装者

间谍常常伪装成 IT 支持人员，因为这使他们能够以合法的理由坐在用户的 PC 机前。这种伎俩涉及寻找无人的办公室进入企业。在许多案例中，间谍乔装成清洁工，在下班后进入办公室。

有位魏先生是进行间谍模拟和提供其他服务的主管，有一次，他受雇主之托寻找一家公司的安全漏洞，但被要求不要访问 CEO 的系统。但是，当他离开经理套间时，一位助手问他："为什么你不更新某某先生的计算机呢?"因此，他就坐在了这家公司的 CEO 办公桌前。他试图避免看到任何敏感的信息，但他不得不装作他在干事的样子。

狙击方法：雇员意识大有帮助。大多数机构甚至没有对提高雇员意识进行一点投资。多数人似乎认为，如果你在这个建筑中，你必然是合法的，犯罪分子正是利用了这种推理。企业必须制定什么是合适的，什么是不合适的标准，然后用质疑那些不遵守这些标准的人的观念来加强这些标准。

狙击2：查找应用漏洞

越来越多的间谍利用 Web 应用中已知的安全漏洞。有份报告提到了列为顶级新风险的不安全 Web 应用的名字，这些 Web 应用使网站染上病毒，造成数据被盗，访问网站的计算机也被病毒感染。这份报告说，2008 年，Web 应用攻击的数量将大幅增加。

阻止方法：Web 扫描工具可以帮助企业找到应用安全漏洞，尤其当与源代码审查工具和应用渗透测试结合起来使用时。检查 Web 应用框架的配置并适当地加强它。在编写 Web 应用之前，开发人员应该具有必要的安全技能，并通过安全软件编程考试。

狙击3：防控访问

一个让间谍得手的高效率途径是收买内部雇员偷窃信息。这类行为没有什么高科技含量，雇员只需使用他们已有的访问权下载超出他们本应下载的更大量的数据。

狙击方法：Winkler 建议利用访问控制和主动审计组合进行防范。

假如客户服务代表一般一天访问30 条记录，突然有人一天访问100 条记录，这就需要提高警惕了。一位雇员突然开始从家里访问企业数据也需要警惕。有关人员要寻找行为的突然变化，这种变化可以通过异常检测统计程序来检测。

利用操作系统的访问控制功能也很重要。人们没有花时间非常好地配置这些功能。许多雇员可以访问比完成自己的工作所需要的更多的数据。

另一个应对措施是通过系统受口令保护的 BIOS 或使用限制端口和外部设备使用的中央工具来关闭 USB 端口，这使想成为间谍的人轻易输出数据变得更加困难。

狙击4：谨防粘盘破坏

进入企业内部的间谍可以进行另一些破坏活动，如安装键盘记录器。其中的一些设备将任何使用计算机的人的键盘输入利用电子邮件传送到一个预先定义的电子邮件地址，而另一些设备将键盘输入保存在闪存中。许多键盘记录器几乎不能被检测到，如那些直接连接在键盘连接器上的记录器。曾有装扮成办公室清洁工的间谍，利用这项技术从一家英国银行行偷窃。

狙击方法：对计算机进行检测是唯一能够检测键盘记录器的途径。进行这类检查的做法是，将所有的键盘粘在系统设备上。

狙击5：识破诱惑引钓

钓鱼攻击是某种形式的社会工程学。间谍们利用多种技术诱使人们透露信息（如口令）或进行危害保密数据的活动，如点击使其他人可以远程控制机器的链接。事实上，SANS Institute 将网页钓鱼确定为最大的 Internet 安全风险之一。

例如，一个间谍可以利用预付费手机给帮助台打电话，声称在家上班，然后请求帮助台用短信将新用户名和口令发送到他的手机上。一些间谍利用 SANS Institute 称之为“鱼叉钓鱼”的手段。在使用这种手段时，他们向不同的雇员发送具有高度针对性的电子邮件，电子邮件中包含使信件看起来像真的信件的特殊信息。例如，对用户名和口令的请求可能显得像来自人力资源负责人。

阻止方法：培训员工提高警惕，为员工提供检测资讯的条件和界限。

重要的是提高员工对网谍的警惕意识，公司还应当对员工经常进行网络诱钓的模拟训练。避免在公共网页上暴露过多的信息，包括标识和雇员的电子邮件地址。

守住底牌

每个企业都有自己的底牌，底牌是企业的核心价值所在。

企业在与客户沟通过程中，客户往往不会暴露自己的真实意图，甚至会采用声东击西的方法，来探听你的底牌。针对对方的提问，实事求是地回答，但对所有问题都实事求是地正面地提供答案，并不一定是最好的答复，所以要学会艺术地回答客户的提问。

有位张先生是一家汽车销售公司的行销人员，一次他遇到一个很精明的客户，显然事先已经做好充足的准备。该客户很明确地提出了汽车性能各方面的需求，张先生向他推荐了一款汽车之后，该客户显然是比较满意的，但对于价格方面还想再讨价还价。整个沟通过程中，该客户一直在不停提问，而且每个问题都问到了点子上，比如一会儿挑剔该款汽车油耗太大，一会儿又说这款汽车发动机性能太差。可是当张先生推荐其他的车型之后，该客户又表示他还是更喜欢原先这一款，一再向张先生探听该款汽车的底价。张先生一开始还不明就理，后来终于明白客户实际上是想探听汽车价格的底线。由于之前给客户的报价还有不少议价空间，张先生适度降低了价位，并明确向客户表示，这款汽车的外观、性能都要比同等价位的其他汽车占优势，最后张先生成功地将汽车销售了出去。

张先生之所以销售成功，在于从客户的提问中把握住客户的真实需求，强调了汽车的优势，适度降低了价格，最终实现双赢的目的。

假如客户一直在提问，是在探你的底牌。在与客户沟通中常运用提问作为摸清对方的需要，掌握对方心理的手段。

不要轻易亮出你的底牌是企业的看家本事，不能亮出你的底牌是企业的情报守护盾牌，其主要做法如下。

1. 不要彻底回答

指答话人将问话的范围缩小，或只回答问题的某一部分，或者似答非答，做非正面的间接回答。比较安全的回答：我不同意你这个问题的某部分，那已经是另外一个问题。

2. 不要刻意回答

对于未完全了解对方意图的问题，千万不要刻意回答。有些问题可能会暴露己方的观点、目的，回答时更要谨慎。对于此类问题，可以资料不全或记不得为借口，暂时拖延，或答非所问，或回避话题，提出反问。这样既避开提问者的锋芒，又给自己留下了思考的时间。

3. 不要确定回答

模棱两可，弹性较大的回答有时很必要。有时遇上一些难答复或不便答复的问题，并不一定要回答，而且针对问题的回答并不一定就是最好的回答，这时就要采取不确切的回答。例如，别人问：“你打算购买多少?”回答是：“这要根据情况而定，看你们的优惠条件是什么。”

4. 使问话者失去追问的兴趣和机会

即回答问题特别要注意不让对方抓住某一点继续发问。这时可以资料不全或记不准为借口拖延，这样让对方等你将资料准备齐全了再沟通。也可以说明许多客观理由，如铁路运输方面、许可证办理方法、气候方面……但不说自己公司方面可能出现的问题。

5. 不要急于回答

当企业遇到必须回答的又出乎意料的棘手问题，可以岔开或拖延回答。事先安排好人，在节骨眼上打岔，如有紧急文件需要出来签个字等。有时沟通人员会借想去洗手间方便一下而拖延时间等。

6. 不要正面回答

不同意对方观点时，千万不说“不”，应婉转地表示否定的意思，阐述自己的观点。这样既表示对对方的同情和理解，又赢得对方的同情。

总之，回答问题的要诀是：知道该说什么和不该说什么，而不必考虑回答的问题是否切题。这就类似于桥牌叫牌，目的在于尽可能多地了解客户的实力和信息，而尽量避免过早地暴露自己。

严密网管

几乎所有的企业员工在先进的办公设备环境中，都可能顺手利用职务之便进行电玩。一项数据显示，我国大多数企业员工每周多花7.6小时来使用IM、玩游戏、使用P2P或流动媒体；员工上网下载音乐方面比拉美高16%；上网进入聊天室和玩在线游戏两方面分别比其他国家高约8%和12%；在同为发展中国家的印度，只有26%的员工上网浏览个人信件，而在中国，这个数字是60%！

员工的桌面办公系统就像一个后门，没有经过管理和控制的内部上网行为，会给企业带来难以弥补的灾难，这并非危言耸听。

有位许先生经过几年的打拼，业务终于做得顺风顺水了。一天，好友致电给他，请他出席自己公司一款新产品开发的研讨会。电话那头，他显得很无奈：“我抽不开身，因为我离开后，员工上网行为没法控制，导致公司资源浪费啊！”对许先生的缺席，好友并没有半点责怪他的意思，站在他的角度，好友当然理解他的良苦用意：他担心员工对公司网络资源的滥用，会蚕食他的企业整体竞争力。

如今，员工在办公时间内浏览与工作无关的网站，正使企业在很多方面遭受威胁，主要有安全、资源和法律三个方面。

在安全方面：如果某个员工上了有病毒的网站，有可能导致整个内部网络瘫痪，甚至可能导致重要文件的损坏和丢失。

在资源方面：员工在工作期间大量下载音乐、电影，会造成网络塞车现象，影响到整个企业的运营。

在法律方面：如果某员工对企业不满，在网站发布对企业和领导不利的言论，或者通过企业网络访问一些反动网站，发布反动言论，就会把企业拖入法律困境。

事实上，对员工上网的不良行为形成的隐患，很多企业老板已经深感紧张，并有意识地想办法，以有效管理公司的网络资源。譬如不惜巨资，安装能监视员工网络上一举一动的软件，利用该软件查询员工上网时间和浏览网站，甚至利用特殊软件提供的密码，查询是否有员工利用网络申请其他公司的职务，或是未经允许递传机密文件给非相关人士。员工网上行为一旦超过公司可容忍的尺度，就可能遭到开除。

企业采取这种措施或许会觉得心安理得，道理很简单：企业每个月为员工付薪水，是希望员工一心一意做事，并不是让员工浏览网站或进行电玩；监视员工仅是为了“公事”，无私人目的，如果员工怕被偷窥，就不应该在上班时间做非公务性质的事。

但效果又是如何呢？表面上很有威慑力，其实充其量也是差强人意，甚至会适得其反。为达监视员工上班电玩目的而不择手段，也是违背企业正常的商业伦理和道德的。更何况，企业最核心的东西是人和文化，一个常监视别人行为的企业，不可能给员工稳定感、安全感和信任感。从某种意义上说，这样的“间谍游戏”不仅会形成不信任的企业文化和资源浪费等方面的负效应，更是员工工作效率的真正杀手。

那么，对员工上网行为的管理和控制，究竟如何行之有效呢？在国外，许多企业跟员工是一种互信关系：领文具用品不需申请或报备；喝公司饮料随便自己拿，无人看管。尊重以及自我约束，已是企业文化，企业自然不会监管员工上网。因为在每个员工作为新人进公司的时候，他们已经得到一张纸，纸上面写着应该如何使用公司的资源。互联网作为公司的一种资源，和设备一样，同样存在正确使用的问题。

白纸黑字发出明文访问规定，网上该做什么，不该做什么。如可以上网购票、阅读新闻等；不可上网聊天、玩游戏等。

企业的老板如果非要监视员工上班活动，不妨效仿国外企业，事前公开告知，设定明确条文，通过事先教育的方式，让员工了解工作时段所做的任何事必须和工作内容相关。当然，对员工上网行为的有效监控和管理，需要借助诸如 NetentSec ICG（网康互联网控制网关）等先进的互联网行为管理产品和技术去支持，同时，能有效了解员工所使用的网络服务和各个服务的流量，对敏感的流量和服务进行安全分析，在公司内部逐步完善网络生态系统。通过健全的制度，确保公司网络安全和运行有效。

让员工忠心

员工忠于职守，诚于服务，这是企业兴旺最好的情景，也是维护本公司企业情报最好的标志。

在一些企业里，总有些吃里扒外的职员让领导很头疼，尤其是这其中不乏核心职员，他们或掌握核心机密，或掌握核心技术，或掌握核心资源，管理起来让领导左右为难，那么如何让员工忠心呢?

第二次世界大战时期，有一个流亡海外的女子，因为能讲一口流利的英语和法语被英国特工组织看中，选入组织后，才发现她其实并不适合特工工作，性情急躁，工作粗心。

正在这时，英国在法国的一个秘密电台被纳粹分子破坏，因为电报员奇缺，她被暂时派遣到法国从事电报收发工作。果然，正如大家所预测的，所有的训练过程都对她没有丝毫用处。组织上让她拿一份敌国驻军图送给地下交通员，她到了接头地点后，怎么也想不起接头暗号，情急之下，索性把地图展开，对着来来往往的人群进行试探："你对这张地图感兴趣吗?"幸运的是，她很快遇上了两位地下交通员，他们扮作精神病人迅速地掩盖了这个可怕而致命的错误。

不仅如此，她认为越是繁华的地段越是安全，于是自作主张把秘密电台搬到了巴黎的闹市区。她不知道盖世太保的总部就在离她一街之远的地方，如果在晚上，盖世太保们甚至能听见她发报的声音。终于在一天夜里，盖世太保们把这个胆大妄为正在发报的女子逮捕了。英国特工员得知她被捕之后，都后悔不已。如果这个天真的姑娘在盖世太保的刑具下毫无保留地说出一切，那么对在法的特工组织将是一个重创。出乎意料，盖世太保们用尽了种种残酷的刑法，都无法撬开她的嘴。盖世太保对这个外表柔弱却被折磨得半死的女子肃然起敬了。

她的名字叫努尔，曾是一位印度王族的娇贵女儿。第二次世界大战结束后，英国政府追授她乔治勋章和帝国勋章。这样一个不称职的间谍获得英国政府的最高奖赏，官方的解释是：对敌国而言，梦寐以求的是间谍的背叛，这等于无形的巨大宝藏。但这个个性急躁、工作粗心的女子，却在饱受折磨中十分坚强，始终没有吐露一个字。一个人最不可缺的是原则和信念。这就是一个间谍最本位最出色的地方，所以我们从没怀疑她是一位优秀的间谍。

不少企业总是提倡 A，实际上却奖励 B。“德”便是这“A”的一种。德才兼备，以德服人，小成靠智，大成靠德。谈到用人，在我们的企业家口中，“德”字可能是讲得最多的，但如果你仔细看看他们身边的簇拥着，是有德者居多？还是奉迎拍马屁、歌功颂德者居多呢？

“生当作人杰，死亦为鬼雄。至今思项羽，不肯过江东。”从古至今，有多少文人墨客毫不吝啬对项羽的赞美崇拜之词。就是这样一个悲情本色的英雄，让后人无不为之惋惜。但项羽从其一开始就已经注定失败。

项羽的阵营里没有人才吗？有，如项伯、高级幕僚尊为老师的范增，还有钟离味、龙旦、周殷、司马欣、曹咎及韩信、陈平等。因得不到发挥重用的机会，韩信与陈平两位跳槽到竞争对手刘邦那里去了；司马欣及曹咎因有恩于项羽个人而得到重用，他们被派去守战略位置的根据地，结果丢了；项伯很早就成了刘邦安在他那里的间谍，而周殷在最关键时候投奔刘邦；真正忠诚的范增及钟离味因流言蜚语而不被信任得不到重用。项羽对忠诚的人因多疑而大加防范。不少企业的管理者仍然犯着与项羽类似的错误，这必须引起警惕和改进。

将风险最小化的一个重要方法是，保持员工的忠诚和士气。如果你的员工心存不满、士气低落的话，他们对外部机构的接近会开放得多——这是信息泄露出去最简单的方法。商业间谍活动可能已经取代怠工，成为员工发泄不满情绪的一种方式。